所谓做生意就是交朋友

人情创造商情，人脉决定财脉

崔小西◎著

U0817971

江西美术出版社
JIANGXI FINE ARTS PUBLISHING HOUSE

图书在版编目（CIP）数据

所谓做生意，就是交朋友 / 崔小西著 .-- 南昌：江西美术出版社，2017.5
ISBN 978-7-5480-4257-0

Ⅰ. ①所… Ⅱ. ①崔… Ⅲ. ①商业经营－通俗读物 Ⅳ. ① F713-49

中国版本图书馆 CIP 数据核字（2017）第 033770 号

出品人：汤　华
企　　划：江西美术出版社北京分社（北京江美长风文化传播有限公司）
策　　划：北京兴盛乐书刊发行有限责任公司
责任编辑：王国栋　陈漫兮　楚天顺　陈　东
版式设计：刘　艳
责任印制：谭　勋

所谓做生意，就是交朋友

作　　者：崔小西

出　　版：江西美术出版社
社　　址：南昌市子安路 66 号江美大厦
网　　址：http：//www.jxfinearts.com
电子信箱：jxms@jxfinearts.com
电　　话：010-82293750　　0791-86566124
邮　　编：330025
经　　销：全国新华书店
印　　刷：保定市西城胶印有限公司
版　　次：2017 年 5 月第 1 版
印　　次：2017 年 5 月第 1 次印刷
开　　本：880mm × 1280mm　1/32
印　　张：7
I S B N：978-7-5480-4257-0
定　　价：26.80 元

前　言

Preface

如果说人际关系是成功的普遍法则，那么在中国这一点尤为重要。俗话说："天时不如地利，地利不如人和""一个篱笆三个桩，一个好汉三个帮""在家靠父母，出门靠朋友""小运靠自己，大运靠关系""朝中有人好做官"……中国的历史传统造就了中国人讲人情、重关系的习性，办事要讲关系，成功要靠人脉，没有人脉就会处处碰壁，在社会上站不稳吃不开。有了良好的人际关系，就可以帮助你轻松获得成功。所以，先交朋友、后做生意无疑是一条有效的途径。

在生意场上，会交朋友是做生意的一种大能力，处好朋友是成功的不二法门，能够尽可能把接触过的人变成自己的朋友则会成就事业上的巅峰。综观古今那些商业泰斗，无论是先秦的吕不韦，晚清的胡雪岩，还是华人首富李嘉诚，世界巨富比尔·盖茨，他们事业的成功都曾得益于朋友之助。

人脉就是财脉，没有关系就没有及时有效的信息，没有关系就没有独有的资源。关系是一笔无形的财富，它常常可以帮助你做到一些金钱办不到的事情。朋友是你人生中重要的人脉，朋友关系是你工作和事业中不可或缺的关系，可以说，你朋友的数量多少和层次将决定你的人生走向和事业成败。

“朋友多了路好走”，朋友的力量是无穷的。朋友可以给你介绍重要的关系；朋友可以支持你的生意；朋友可以给你提供情报；朋友可以帮你出谋划策；朋友可以与你一起合作；朋友甚至可以衬托你的形象，提高你的档次。朋友是帮助你生意做大做强的伙伴，是帮助你事业走向成功的推手。

会交朋友的人能洞察不同人的心理，对不同的人说不同的话，遇什么人办什么事，只要需要，他能使任何人都成为自己的好朋友。当他做生意的时候，自然也就左右逢源，财源滚滚。

本书将告诉你：怎么去结识那些对你事业有帮助的朋友；怎样发挥朋友的力量来帮你做生意；怎样处理与朋友间的各种关系；怎样与朋友维系长久的友谊；怎样做好生意场上的应酬交际；怎样在生意场上进行感情投资；怎样顺利地谈成生意和缔结合约等。

如果你的生意正处于萧条阶段，那么本书将成为你事业的转折点；如果你生意兴隆，那么本书将成为你事业更上一层楼的台阶。

目　录

Contents

CHAPTER 1　人脉即财脉，朋友是取之不尽的商务资源

CHAPTER 2　知己知彼商海难败，生意有风险交友需谨慎

CHAPTER 8 做生意是种境界，做永久的朋友做永久的生意

CHAPTER 1

人脉即财脉，朋友是取之不尽的商务资源

好莱坞流行一句话：一个人能否成功，不在于你知道什么，而是在于你认识谁。人脉资源是一种潜在的无形资产，人脉资源越丰富，朋友圈子越广阔，赚钱的门路也就越多。

朋友的力量是无穷的。朋友的成败可以给你做示范；朋友可以给你介绍重要的关系；朋友可以支持你的生意；朋友可以给你提供情报；朋友可以帮你出谋划策；朋友可以与你一起合作；朋友甚至可以衬托你的形象，提高你的档次。朋友是帮助你生意做大做强的伙伴，是帮助你事业走向成功的推手。

◎ 人脉越丰富，赚钱门路越广

人脉资源是一种潜在的资产，是一种潜在的财富。虽然，表面上看来，它不是直接的财富，可如果没有它，你就很难拥有财富。

它山之石，可以攻玉。真正高明的人，一定能够借助别人的力量和智慧走向成功的。一个优秀的元帅，一定是一个能够合理利用资源的人，将军、士兵，包括身边的百姓，他一定会人尽其用，这样的军队才能达到最优化的配置，才能打胜仗。商场如战场，也是同样的道理。

如果你不善于利用别人的智力、能力和才干，你没有高超的人际交往的能力，在你开拓事业的道路上，不管你的能力有多强，你的商品有多抢手，一定会遇到力所不及的困难，单凭一个人的力量应对是远远不够的；相反，良好的人脉会帮助你完善自己的不足，拓展事业的方向，清扫发展的障碍。

先交朋友再做生意无疑是事业成功的十分有效的途径。人脉资源越丰富，赚钱的门路也就更多，你的钱来得也越快、越多，这已经是不争的事实！仔细分析一下人们做生意所需要的各种因素，不外乎以下三种：首先是资金，想要获得资金必须从银行贷款。其次是技术，这个不用担心，因为有人以贩卖技术为生，所以你也能够买得到。即使买不到，和其他公司进行技术合作也是可行的。再次是人脉。人脉、技术、资金这三大条件的核心就是人脉。如果你有足够丰富的人脉资源，那么资金和技术问题就能迎刃而解了。所以人脉才是决定你事业成功的关键。“多个朋友多条路”“先赚人气，再赚信誉”。这已经是无数成功者的切身体验和宝贵心得。一个善于结交朋友和有口碑的人，不仅会处处受欢迎，而且遇难有人帮、办事处处通，毫无疑问，此人在生意场上一定会多几分必胜的把握。

要知道，你身边的朋友、亲戚、同事、同学、客户有时甚至是陌生人，都应该成为你资源中的一部分，都应该是你人脉链中重要的一部分。只有学会充分利用你的资源，充分挖掘你的人脉，你才能比其他人更强大、更成功。

可见，搭建丰富有效的人脉资源是到达成功彼岸的不二法门，是一笔看不见的无形资产。

所以，在做生意的过程中，你要在乎的不仅仅是赚了多少钱，积累了多少经验，更重要的是你认识了多少人，结识了多少朋友，积累了多少人脉资源。这种人脉资源是你宝贵的无形资产，别小看你平日里积累起来的人脉资源，它将是你终身受用的无形资产和潜在财富！

◎ 整合朋友资源，做生意赢家

从前，有两个饥饿的人同时得到了上帝的恩赐：一根鱼竿和一篓鲜活硕大的鱼。一个人要了一篓鱼，另一个人则要了一根鱼竿。他们带着得到的赐品，各分东西了。

得到鱼的人走了没几步便用干树枝搭起篝火煮起了鱼。他狼吞虎咽，还没有好好体味鲜鱼的肉香，一会儿，连鱼带汤就都被他一扫而光。

没过几天，他再也得不到新的食物，终于饿死在空鱼篓的旁边。另一个人则提着鱼竿继续忍饥挨饿，一步一步艰难地向海边走去，准备用鱼竿钓鱼自救。可是，当他已经看见不远处那蔚蓝的海水时，他浑身的最后一点力气也使完了，他也只能眼巴巴地带着无尽的遗憾撒手人寰。

上帝摇了摇头，决心再发一回慈悲。于是，又有两个饥饿的人同样得到了上帝恩赐的一根鱼竿和一篓鲜活硕大的鱼。这次，这两个人并没有各奔东西，而是商定互相协作，一起去寻找大海。一路上，他们饿了，每次只煮一条鱼充饥，以有限的食物维持他们遥远的行军。终于，经过艰苦的跋涉，在吃光了最后一条鱼的时候，他们到达了海边。

从此，两人开始了捕鱼为生的日子，每天都能吃饱。几年之后，他们盖起了房子，有了各自的家庭、子女，有了自己建造的渔船，过上了幸福安康的生活。

几十年后，他们居住的海边发展成了一个村落。村里人都继承了两人留下的传统，互相协作，互相帮助，取长补短，共同发展，渔村呈现出一片欣欣向荣的景象。

上帝看到这一幕，终于欣慰地笑了。

在竞争的社会中，个人的力量毕竟是有限的，只靠自己的积累是不够的。每个人在达到自己希望的成功的路途中始终需要别人帮助。你也许可以忽视旁人，又或许你选择与人对立，但你想在事业上获得伟大的成就，就必须与人和睦相处，互为资源。你个人的目标恰巧与另一个人相同时，共同合作不但会使你减轻负担，而且产生的效果远比你单打独斗所能达到的效果更佳。

今天，人与人之间的互相依赖越来越重要。无论在哪一个专业领域，一个人想独立地完全依靠自己获得成功，都是不可能的事情。足球队员都知道，一个人不可能在每场比赛里都是明星。每一场胜利都需要大家一起努力去争取。不管是带球前进还是封堵对方，只有全体队员竭尽全力，才会有胜利的机会，队里的每一个人才会都是赢家。

许多成功的人都意识到朋友对自己事业成功的重要性。美国成功学大师卡耐基说：“专业知识在一个人的成功中只占15%，而其余的85%则取决于人际关系。”朋友所具有的资源，对你来说是一种潜在的无形资产。如果你善于整合它，无疑就抓住了事业成功的85%的几率。

当然，使用朋友所拥有的资源并不是无偿的。你要拿你所具有的那一份来交换，让朋友分享你的资源，以从中获益。

◎ 拿朋友做参照物，降低经营风险

你身边的朋友可以成为你的参照物。他们成功，能够给你成功的经验；他们失败，能够让你借鉴失败的教训。

人生路上，人人都想赢怕输。但商场如战场，没有参照，没有引路人，摸石头过河的结果往往是陷于河中。

张小龙是深圳东宇电子有限公司总经理。提到自己的创业历程，他无不感谢自己的好朋友刘强给自己的帮助。

刘强是深圳粤讯发电子有限公司总经理。张小龙一直称他是“自己的榜样”，从刚入行到现在拥有自己的写字间，刘强给了张小龙不少的建议和帮助，也因此两人结下了深厚的友谊，在这个商场如战场的年代，实属不易。

张小龙2000年毕业之后原本可以从事家族事业，享受“少爷”的生活，但是年轻的他觉得自己难以在“家里”施展拳脚，在深知自己在家族的事业上难攀高峰之后，他看准了当时电子行业的机会，毅然选择了“单飞”，并说服弟弟一起来深圳做起了电阻、电容的产品代理。

在创业过程中，对于一个仅有满腔热情而毫无“实战”经验的年轻人来说，其中的艰难可想而知。幸运的是他与粤讯发电子的刘强成为朋友。

刚入行的时候，张小龙完全是个门外汉，什么都不懂。元器件知识是需要学习的首要内容，资金上的压力也让他头疼。刘强成为他的参照物，使他慢慢地融入电子这个行业，慢慢地进入自己的角色。

对于张小龙来说，有了这样的朋友，就是人生的一笔难得的财富。

成功的朋友可以使你受益匪浅，失败的朋友同样可以使你免于重蹈覆辙。

张风在太原一家公司里当司机，他一直想自己做点小生意。但他的朋友李国华的经历使得他在经商的路上更加谨慎。

李国华开店不容易，因为是个下岗职工，还拖家带口，所以从资金和心理上，李国华都有很大压力。在权衡许久之后，李国华看上了一个投资相对较小、回报快的项目——风味灌汤包。虽说店面不大，但房租、设备、原料、员工，还有学习技术的费用，林林总总加起来也花去三四万元。为了开店，除了把自己的积蓄拿出来，李国华还向朋友借了一万多元的外债。但不管怎么样，李国华总算是把自己的店开起来了。开张的一个多月里，李国华的生意好得不得了，可能是因为有风味小吃的诱惑，李国华的店每天都是顾客盈门，可是就在这一个多月内，风味灌汤包的小吃店如雨后春笋般出现在太原的大街小巷。没过几个月，李国华小店前的顾客数量明显减少，在朋友的建议下，他也开始在小店里卖其他风味小吃，但生意还是没有多大的起色。

张风从李国华的失利中认识到：做技术含量低的小生意，很容易被人模仿。于是他专门拜师学艺，学得一手修理小汽车的好手艺，开了一家修理铺，生意日渐红火。

在你做事业上的重大决定时，不妨先看看身边的朋友是怎样做的。拿他们当参照物，你的风险才能尽量减小。

◎ 通过朋友介绍，认识更重要的人

每个人都有自己的关系网，也许你的朋友与其他对你来说十分重要的人关系不错，这时，你可以通过朋友的介绍，认识更重要的人，获得最关键的资源。

《红楼梦》中的薛宝钗填过一首《柳絮词》，其中有一句是“好风凭借力，送我上青云”，从中可得到一个启示：一个人在事业上要想获得成功，除了靠自己的努力奋斗之外，有时还需要借助他人的力量，才能平步青云。这里的“力”指的是他人之力，如名人、亲戚、朋友、同学的地位、名望、财富等；而“青云”则是指通过中介所能获得的好处。他人有时是你接近成功或走向成功的桥梁与阶梯，尤其是那些德高望重的名人，他们的力量更能帮你寻到走向成功的捷径。

古往今来，借助于名人之力成功的事例真是数不胜数。汉高祖刘邦立太子的故事就是其中之一。

汉高祖刘邦共有八个皇子，生母不一，为了争夺太子之位，他们展开了子与子、母与母之间的明争暗斗。刘邦有立戚夫人之子为太子之意，可吕后想立自己的儿子刘盈为太子，她找张良帮忙。张良献上一计："皇上一直想招聘四个在野的贤人出山，但他们始终不肯，若将他们迎为宾客，太子常请此四人赴宴，必会被皇上看见而问其原因。"果然不出张良所料，刘邦以为刘盈为人恭敬仁孝，天下名人慕名而来，终于立刘盈为太子。刘盈的成功完全仰仗四大贤人的盛名，借助他们的名望得到了皇帝宝座，当然也包括他母亲吕后和张良的妙计。

利用他人之力去干违法乱纪的事情，当然是要坚决制止的，但如果你想要充分发挥你的才智，有所成就，在某些时候借助"梯子"还是必要的。特别是那些纵横商海的人，要想拓展市场，获得更大的发展机会，有时就需要靠熟人或名人的引荐。

一般来说，不管引荐者的名望大小、地位高低，只要对你的成功有所帮助，他就是你登上高处的中介，他的威信和影响力都能对你有用处。一般人除对权威和名望有一种崇拜感和信任感之外，对熟识的人同样有一种可靠、信赖的感觉，因而他们常常会从推荐者身上来估量被推荐者的能力和人格。

张利下海经商，把小小的万金油生意做活、做大、做好，就得力于她自己不断地借助朋友的中介实力而打开了东南亚的市场。

1977年，张利以优异成绩考入广州某大学经济系。1986年，又考上了母校经济专业的研究生。毕业时，张利主动放弃去中国社会科学院工业经济研究所工作的机会，来到西南一家大型制药厂。这种选择在当时极具挑战意味。张利的反向流动受到了各方面的关注。上班的第二个月，张利被任命为制药厂企管科副科长。雄心勃勃的张利决定尽快进入角色，干出一番业绩。

张利几乎天天在生产第一线摸底调查，她吃惊地发现，这个西南最大的制药厂，实际经营状况并不像表面上那样繁荣——产品严重积压，经济效益下滑，企业管理部门人浮于事，一线工人没有积极性。制药厂到了必须痛下决心实施有效的改革，才能摆脱困境谋求发展的地步。于是，张利提出了一系列整改方案。

方案递上去后，却如泥牛入海，久久没有回音。张利忍不住了，急切地找到厂长："厂长，我知道让您下'刀子'肯定有难处。可是我们厂真到了非改不可的地步。我想先以企管科做试点，有了经验再全面铺开，您看怎么样？"厂领导们研究后，采纳了张利的意见。性急的张利仅在一次全科人员会议上，就把科室人员从50人精简到了23人。

平平静静几十年的制药厂"炸"开了。1990年1月5日，张利像往常一样早早地来到工厂。张利发现厂门口宣传栏贴了一张"罢免张利同志厂企管科副科长职务"的公告，张利懵了。等张利略微平静以后，就直接冲进厂办，办公室主任告诉张利，张利实施的改革方案，触及了太多人的利益，有人联合向法院起诉张利违反国家劳动法，乱精简人员。迫于上级主管部门的压力，厂里撤销张利的职务。

从此，张利成了科室里的"闲人"，每月只能领40%的工资。接下来，又半年过去了……张利在沉默，在思索，不久，她辞职了。经过半年的准备，她从药厂批发了两箱清凉油，踏上了第一次东南亚征程。新加坡的朋友为张利联系了一家华侨开办的中药商行，对方检验过张利带去的清凉油，当即要了50万盒的货。张利以为自己听错了，一连问了三遍“How many”。在得到肯定答复后，在最艰难的时候都没有流过眼泪的张利激动地哭了。

50万盒清凉油，以每盒0.2美金成交，总金额就是10万美金！张利拿到对方开具的不可撤回的银行信用证，立即回国，赶到制药厂。两个月后，50万盒清凉油抵达新加坡港口。张利从中得到5000美金的佣金。而在这笔交易中，获利最大的是制药厂，扣除运费和外贸公司代理费、税收等费用，厂方净赚30万元人民币，该厂停产一年多的清凉油生产线恢复了生产。

张利再次出征东南亚，雅加达一个华人医生朋友给了她结识当地名流的机会。朋友请张利参加自己的生日宴会。宴会上，朋友介绍张利认识了被当地华侨称作“丝绸陈”的陈·约翰，张利就自己的生意虚心向他请教。陈先生听完张利的情况后，说：“利润小不应该是主要矛盾，关键看需求量。目前当地人用的大多是台湾、香港地区的清凉油，中国内地的清凉油还没有打进市场。从整体上看，你的产品在价格上占有绝对优势，这就决定了产品可以打入平民阶层，而他们正是消费清凉油最主要的人群。我相信，你应该能创造奇迹——一个把世界上利润最少的产品做出最高效益的奇迹！”

第二天，陈先生专门为张利请来4位当地有名的药商，他们联合起来向张利要了一个货柜的清凉油。这笔生意为张利日后的成功奠定了基础，也让张利更加深切地体会到：任何一种产品要在一个陌生的国度里打开市场，必须借助当地商界名流的“肩膀”。

张利专心做清凉油，生意越做越红火。清凉油是一个有着近百年历史的传统中成药膏，无论在配方还是香型上，都不能适应现代人的消费心理和更高消费要求，亟须改造。张利拎着笔记本电脑遍访东南亚知名的中医，请他们为现有的清凉油“会诊”。之后，张利请了两名著名的国际香型配料大师，针对清凉油中天然薄荷香占主要成分的“先天缺陷”，进行多香型品种的改造；同时，向国内制药厂投入大批资金，组织科研人员配制新型清凉油。最后，张利从20多家制药厂配齐了34个品种的清凉油，把几十年来单一的清凉油“玩”出了“花样”。

印度尼西亚是清凉油最大的集散地，特色清凉油能否打开销售市场，就要看它是否能占领印度尼西亚市场。张利带着特色清凉油，奔波于印度尼西亚20多个岛屿之间做推销。不多日，第一张订购新型清凉油的传真传了过来，两天后又接到一张，一个星期后，传真上的要货总量可以拼成一个货柜了。

张利成功了！1999年，她的公司在东南亚各国首都的黄金商业地段，都设立了自己的清凉油专营销售公司，建立起星罗棋布的销售网络。她依靠朋友的介绍结识东南亚商界名流，以销售小小清凉油，创下商界神话。

在复杂的社会关系之中，在各种社会关系构成的屏障里面，互相利用是人性的弱点，但它也是人类共同需要的心理倾向。俗话说：“一个篱笆三个桩，一个好汉三个帮。”不懂得或不善于利用朋友力量，光靠单枪匹马闯天下，在现代社会里是很难大有作为的。

在依靠朋友作为中介时，一般要遵循以下步骤：

一是找“力”，即要与有影响力的人做朋友。在日常交际的过程中，你应该随时留意周围人的品格、能力及其影响力，要用真心去交朋友。为赢得他人的真诚相助，你必须先付出某些东西，如真心或物质，人心都是肉长的，你天长日久的付出总会有所回报。所以平时与人交往时，要看准谁有能力帮助你。当然，与任何人相处都要以友善、真诚为本，《围城》中的方鸿渐就靠这一点获得了他岳父的信任，从而在银行里谋得了一个职位。

二是借“力”，即寻求朋友的帮助。朋友能否帮你的忙，还看你平时为人处世如何。这就要求你与人交往时，目光要放远些，不因小利而不为。如果你与有所帮助的朋友发生了不愉快，你应首先谅解他。平时的基础打好了，量变积累终会成为质变，也就会“得来全不费工夫”了。你待人好，人家对你自然有真心，关键时刻帮助你引见一些对你来说十分重要的人物也就理所当然了。可以说，借“力”的功夫完全包含在平时的为人处世之中。

这里还需要说的是，有很多人并不是不懂得其中的道理，而是难为情而不愿意求人，总觉得这样做有失体面，好像是贬低了自己的能力。其实，这些想法都是不必要的。什么时候也别忘了，即使是拿破仑也需要别人帮他架起成功的桥梁，何况你只是一个平常之人呢？

◎ 朋友可以支持和帮助你成功

人们常说：“在家靠父母，出门靠朋友。”你可以通过朋友的支持帮你成功，包括逆境时的鼓励，挫折时的扶持等。

东汉末年黄巾乱世，刘、关、张邂逅相逢，桃园结义，成就了千古美名，也奠定了西蜀王朝的根基。刘备虽是汉室皇亲，却落得流浪街市，贩席为生。张飞只不过是个屠夫，粗人一个。关羽杀人在逃，无处立身。三人结义后，彼此借重，相得益彰，此后三分天下。刘备没有关、张两人的支撑是成不了皇帝的。董卓之乱时，吕布何等英雄，刘、关、张三人也不过与他打个平手。但他匹夫无助，枉自豪勇，最终却被曹操所杀。

西汉刘邦出身低微，学无所长，文不能著书立说，武不能挥刀舞枪，但他天生豪爽，善于结交朋友，胆识无双。早年穷困时，他身无分文，却敢独坐上宾。押送囚徒时，居然敢私违王法，纵囚逃散。斩白蛇起义后，依靠萧何、曹参、张良等朋友的支撑，最终成就了帝王之业。

帝王将相成就霸业需要借助朋友的支持和帮助，一般人要想事业有成又何尝不是如此。

“时装女皇”香奈尔出生在法国西南部的小镇索米尔。1899年春天，她经人介绍来到一家缝纫用品商店当售货员。这期间，她经历了初恋。当地有个名叫艾蒂安·巴尔桑的富家子弟，他与她一见钟情，坠入爱河。他见到她，总爱喊她的小名“可可”。他对她说：“‘可可’这名字特别适合你，能显示你活泼、随和的性格。”“可可·香奈尔”从此叫开了，以致她成名之后，知道她本名的人反而不多。20世纪初，他把乡下孤女的她带到了大都市巴黎。他根本没想到此行的意义是多么深远，是他把改变世界妇女穿着习惯的“时装女皇”送到了她的“皇宫”里，从而使巴黎变成了世界上最著名的“时装之都”。

他们来到巴黎后，在康蓬大街31号公寓里租了个小房间住下来。可惜，他对香奈尔的雄心壮志不甚理解，两人经常发生口角。巴尔桑的英国朋友亚瑟·卡佩尔从中做了不少调解工作，但最后他们还是分手了。

在举目无亲的巴黎，香奈尔作为一个弱女子，要开拓事业的确不容易。在这窘迫而又关键的时刻，朋友卡佩尔向她伸出了援助之手。这个生性随和、不拘小节、家境富裕的外国人，是香奈尔在巴黎进入服装业的强力支撑。

卡佩尔出资帮助香奈尔开了一家帽子店。“香奈尔帽子店”开张后，善于经营的香奈尔以低价从豪华的拉菲特商店购买了一批过时、滞销的女帽，她把帽子上俗气的饰物统统拆掉，适当加以点缀，改成线条简洁的新式帽子。这种帽子透着新时代的气息，非常适应大众化的趋势。香奈尔为顾客示范帽子的戴法时，也一反常态，总把帽子前沿低低地压到眼角上，显得很神气。这种新颖别致的帽子，大受巴黎妇女的欢迎，被称为“香奈尔帽”。这种别致的戴法竟在巴黎的大街小巷流行开来，成为时尚。

“香奈尔帽”的流行，使香奈尔很快还清了借款，并积累了相当的资金。小试牛刀即旗开得胜，香奈尔的信心大增，她不再满足于当制帽商，而是大胆地涉足服装业。在卡佩尔的支持下，她把帽子店改为时装店，自行设计，自行缝纫，全力投入到服装改革之中。经过一段时间的潜心观察和研究，她发现巴黎妇女服装的问题是：不仅式样上陈旧，而且在用料上过于保守落后，仅凭高级华丽的料子，很难做出舒适合体的衣服来。于是，她从布厂买来一批纯白针织布料，用这种价格低廉的布料做成最新样式的女式衬衫，是宽松舒适，线条简洁，没有翻上覆下的领饰，没有一道道袖口花边，也没有什么点缀物，领口开得较低，等等。为了便于推销，她还给这种服装起了个挺别致的名字“穷女郎”。这种简洁、宽松的衬衫，如今看来很平常，但相对那时候的巴黎，相对老式服装而言，就给人以耳目一新的感觉。“穷女郎”一露面，立即得到巴黎妇女的认可，并很快争购一空。

一炮打响后，香奈尔又接二连三推出一批与巴黎妇女传统服饰大相径庭的服装。她将女裙的尺寸尽量缩短，从原先的拖地改成齐膝，从而诞生了有名的“香奈尔露膝裙”。她设计出下摆较大的长裤，即当今的喇叭裤，成了喇叭裤的设计发明者。在款式上，她推出了一些新式服装，有纯海军蓝的套装，线条简洁流畅的紧身连衣裙，宽大的套衫，短款的风衣，阔条法兰绒运动服，漂亮实用的简式礼服，等等。在色彩上，她不用艳丽的大红大绿，而是以黑色和米色为基调。她认为，黑色优雅，米色素雅，用这两种颜色面料加工成服装，最能体现女性美。纯白和纯海军蓝，也是她爱用的色调。

香奈尔发明了女式挎包，而原来的女包是手拿式的。她认为，劳动妇女两手都得干活，不能因拿包而占用一只手。于是，她把手拿式女包稍加改装，安上较长的包带，往肩上一挎就行了。她又制作了仿宝石纽扣，这种纽扣成本低，色彩与光泽都比真宝石纽扣好看。此外，她还别具一格地制作了“大框架太阳镜”。“香奈尔服装”配上这些配件，更是锦上添花，增加了不少魅力。

这些服装和配套物品，今天看来是十分寻常的。但在当时与那些里三层、外三层的繁复的穿戴习惯相比较，无异于一场了不起的革命。香奈尔终于用自己这种脱俗的设计风格，为巴黎时装界开拓出一片明朗的新天地。

香奈尔能够成为“时装女皇”，可以说来源于朋友卡佩尔的最初支持。离开了朋友的支持，很难想象她在巴黎能够成功。

仅凭一己之力，是很难有大的成就的。因为一个人的力量毕竟太有限了，就算你浑身是铁，也打不成几个铁钉。真正的友谊，能使你从朋友那里获得支持，产生巨大而神奇的力量。

◎ 朋友有多广，信息就有多广

在这个信息发达的时代，拥有无限的信息，就拥有无限发展的可能性。

信息来自你的信息站，信息站就是你的朋友网，朋友有多广，信息就有多广，这是你事业无限发展的平台。

你如何获得工作上必需的信息呢？通常所知的最有效的方法是：经常看报；与人建立良好关系；养成读书习惯。

换句话说，你最重要的信息来源是“人”。对他们来说，“人的信息”无疑比“铅字信息”重要得多。越是一流的经营人才，越重视这种“人的信息”，越能为自己的发展带来方便。

日本三洋电机总裁龟山太一郎就是很好的例子。他被同行誉为“信息人”，对于信息的收集别有心得，最有趣的是他自创一格的“信息槽”理论。他说：“一般汇集信息，有从人身上、从事物身上获得两个来源。我主张从人身上加以汇集。如此一来，资料建档之后随时可以活用，对方也随时会有反应，就好像把活鱼放回鱼槽中一样。把信息养在信息槽里，它才能随时吸收到足够的营养。”

把人的信息比喻成鱼非常有趣。一位有名的评论家也说：“我每一次访问都像烧一条鱼一样，什么样的鱼可以在什么市场买到，应该怎么烹调最好，我得先弄清楚。”如何从人身上得到信息和处理信息？许多记者都知道：在没有新闻时，设法找个话题和人聊聊。也许你没有办法随时外出，那就可以利用电话向朋友们讨教。

日本前外相宫泽喜一有个闻名的“电话智囊团”。宫泽在碰到记者穷追不舍时，往往要求给予一个小时的时间考虑。如果碰巧在夜里，则只要一通电话就可以得到满意的答复，这些答复来自他的10名智囊团成员，这也就是所谓的“人的信息”。

一个人思考的时代已经过去了，建立品质优良的朋友网为你提供信息，成了决定工作成败的关键。

很容易分析得出结交朋友的过程，不外因为某种缘分与别人邂逅，对对方产生好感，然后开始进行交流，于是进入“熟识”阶段。对朋友觉得有趣或愉快，通常都在这个阶段。

熟识之后，开始有一种共患难的意识，彼此间产生友谊。认为朋友会对自己有帮助，通常是在这个阶段。这个阶段的友谊，联系性强，彼此间也容易产生超过利害关系的亲密感。说得更具体一点，交往的本质其实也就是“互相启发和互相学习”。彼此从不断摸索中逐渐改变逐渐成长，建立起稳固而深厚的友情。在工作和生活中，可以作为智囊的朋友，大抵可分为以下三类：

第一类提供有关工作信息和意见的，称为“信息提供者”。这种朋友大都从事记者、杂志和书籍的编辑、广告和公关工作，即使你不频频相扰，对方也会经常提供宝贵的意见，像上述的“电话智囊”就是这一类。

第二类提供有关工作方式和生活态度的意见，称为“顾问”。这种朋友多半是专家，甚至是本行业的第一人，可以把他们视为前辈或师长。

第三类则与工作无直接关系，称为“游伴”。原则上不是同行，通常是在参加研讨会、同乡会和各种社团认识的，有些也是“酒友”。这种朋友不但可以是“后援者”，有时甚至是“监护人”。

要记住：从朋友处得到信息比其他途径要重要得多。充分发挥朋友的信息能力，你在商场上将更加如鱼得水。

◎ 朋友可以为你出谋划策

俗话说："当局者迷，旁观者清。"整天忙碌于自己的事业中，你眼光可能受到一定的局限。而朋友可以从旁观的角度看到你所忽视或无法看到的问题。所以，你身边如果有一个帮自己出谋划策的朋友，对自己的事业将有很大的帮助。

朋友一个小小的出谋划策有时看起来并不起眼，甚至你会质疑其可行性。但真正执行后，却会带来让人惊讶的效益。

石油巨头约翰·洛克菲勒在自己石油事业的发展过程中，清醒地意识到其中的弊病，潜意识要寻找一个方法对症下药。他由一个偶然的机遇，与年轻的律师多德成为好朋友，并在对方的出谋划策下，有效克服了石油事业发展中的弊病。

洛克菲勒1855年中学毕业后，便决定放弃升大学，到商界谋生。闯荡了一些年，他在事业上有些成就，26岁时，他迅速扩充了他的炼油设备，日产油量增至500桶，年销售额也超出了百万美元。他的公司成了克利夫兰最大的一家炼油公司。

当时的石油业，生产过剩，质量较差，价格混乱，激烈的角逐已现端倪，洛克菲勒的公司像汪洋大海中的一叶小舟，随时都有沉没的危险。高瞻远瞩的洛克菲勒意识到，必须把自己的公司扩大，船大才能抵御惊涛骇浪的冲击。他果断地说服自己的弟弟威廉参加进来，建立了第二家炼油公司，并派他去纽约经营石油进出口贸易，尽快打开欧洲市场。威廉临去纽约前，兄弟俩促膝谈心，踌躇满志地立下了誓言："我们要扩张、再扩张，资金越多，我们发展的本钱也越丰厚，我们要独霸世界石油业！"

随着洛克菲勒的石油帝国的发展，因本身体系庞大而导致难以控制的危险性也越来越大。洛克菲勒清醒地看到这一弊病并引起重视。正在这时，洛克菲勒在一本公开发行的刊物上发现一篇文章，里面写道："小生意人时代结束，大企业时代来临。"他感到这与自己的垄断思想不谋而合，便主动结交文章的作者多德，彼此共同的看法使双方成为好朋友。

多德是个年轻的律师，他与洛克菲勒成为朋友后，积极为洛克菲勒的公司寻找法律上的漏洞。一天，他在仔细研读《英国法》中的信托制度时，突然产生出灵感，提出了托拉斯这个垄断组织的概念。所谓托拉斯，是生产同类产品的多家企业，不再各自为政，而以高度联合的形式组成一个综合性企业集团。这种形式比起最初的卡特尔，即那种各自独立的企业为了掌握市场而在生产和销售方面结成联合战线的方式，其垄断性要强得多。

在多德的托拉斯理论的指导下，洛克菲勒召开标准石油公司的股东大会，组成9人的受托委员会，掌管所有标准石油公司的股票和附属公司的股票。受托委员会发行了70万张信托书，仅洛克菲勒等4人就拥有46万多张，占总数的66%。如此，洛克菲勒如愿以偿地创建了一个史无前例的联合事业——托拉斯。在这个托拉斯结构下，洛克菲勒合并了40多家厂商，垄断了全国80%的炼油工业和90%的油管生意。

托拉斯迅速在全美各地、各行业蔓延开来，在很短时间内，这种垄断组织形式就占了美国经济的90%。很显然，洛克菲勒成功地造就了美国历史上一个独特的时代——垄断时代。

多德的“一个理论”导致了这么一个“大结果”，由此可见，拥有一个给自己提宝贵建议的朋友，是何等的可贵。如果你身边有对你所从事的行业感兴趣并头脑灵活的朋友，不妨抽出一点时间与对方聊聊。也许，一个改变你命运的出谋划策就由此而生。

◎ 与朋友一起合作达到顶峰

商海中，独自一人拼搏是辛苦的。那意味着你要自己扛下一切风险，要自己面对一切难关。即便成功后，也缺乏分享的人，只有留下“寂寞英雄”的苦叹。

如果你能和志同道合的朋友一起来成就大事，那前进的阻力无疑会小得多。

美国安利公司创始人之一——迪威尔克向世人提出自己的忠告：“在你向成功顶峰攀登的过程中，其中一个最重要的因素就是和一起去做的朋友为伍。”

安利是一家知名的消费品制造、销售商，拥有一个超过360万名独立分销商的全球直销网络。它所销售的产品超过4300种，其中包括安利自己以及其他品牌的商品，完全通过上门推销和邮购的方式销售，年营业额达数十亿美元。安利的标语就是：“我们送出的商品是最好的！”

这个由迪威尔克和他从小结识并成为终身事业伙伴的安洛共同

开创的事业王国行销网遍布北美、亚洲和欧洲，全球的员工人数超过万人。这么一个庞大的跨国公司的成功可不是偶然的，安利的成功，很大程度上依赖于他的创始人迪威尔克与安洛共同的努力。

迪威尔克很小的时候就知道结交朋友的重要性。迪威尔克的父母是非常虔诚的教徒，因此他进入一所教会学校就读，在那里也感受到一种“上帝爱我，而我是一个有用之人”的氛围，学校里充满了信心和努力学习的气氛。迪威尔克回忆当年时说道：“我的同学都有相同的学习态度，同时奉行相同的行为准则。不幸的是，由于我的成绩并不突出，因此我的父母便对是否还要继续支付如此高昂的学费产生怀疑。”所以，第二年他就转学到一所公立学校去，而那里的学习环境截然不同。因此过了一年，迪威尔克又转回到了教会学校。那是他有生以来，自己做下的第一个清楚自觉的决定，同时这对他的一生有着极大的影响。

但迪威尔克的父母提出了问题：“学费由谁来支付？”迪威尔克表示他会负责自己的学费，但他的父母还是代他付了。尽管如此，迪威尔克还是出去打工，他在加油站为人加油，也卖报纸，每天下课后都要工作好几个钟头。

迪威尔克说道：“重要的是，回到教会学校是我对我人生方向所做的第一个承诺，而我愿意为它付出代价。我使得自己再度回到充满积极思想、相信自己同伴的环境中，这对我未来的人生有很大的影响。”

高中时，在教会学校里迪威尔克遇到了他后来的搭档安洛，他是一个与迪威尔克有着相同梦想、希望和目标的青年。他们一起计划开创自己的事业。

最初迪威尔克和安洛开设了一间小型的飞行学校，同时提供一些飞行服务。但他们两个没有一个懂得飞行，而他们的竞争对手却都是领有执照的飞行员，他们很聪明地将飞行业务交由他人去做。

迪威尔克和安洛后来退出了飞行学校的经营，开始另一项新挑战。20世纪50年代末期，他们在车库里开始了一项新事业，它后来即演变成现在的安利。这项事业是倒卖清洁液，而它也就是后来千百种家庭和个人产品的先驱。他们为安利所设计的行销策略，是建立一个复式的经销网，在这个网络下经销商会发现，他们无论是将商品卖给其他经销商，还是直接推销给安利的客户，都可以有相当丰厚的利润。而今天，迪威尔克已经是亿万富翁了。

迪威尔克相信，和朋友的共同努力能够造就事业上的奇迹。太多的人一生中都与输为伍，他们缺乏一起共事的朋友给自己的鼓励和帮助，以至于他们也认为自己是个输家。

迪威尔克用安利的成功证明：想要达到你所选择领域的高峰，就要跟喜欢挑战、思想积极以及努力工作的朋友一起奋斗。

◎ 朋友的档次衬托你的档次

在美国好莱坞，流行一句话：一个人能否成功，不在于你知道什么，而在于你认识谁。“你认识谁决定了你是谁”，别人往往会从你朋友的档次来看待你的档次，来决定是否与你做生意。

25岁的美国小伙子迪尔来到丹佛市，在第二大道的一套小公寓里，开始了他的创业生涯。

刚到丹佛，迪尔就徒步走遍了这个城市的每一个角落，了解、评估每一块地产的价值，计划在这个城市发展他的房地产事业。为此，他常常去看一些土地和楼盘，就像是这些土地的主人。

初来乍到，人们不认识迪尔。因此他必须计划好为自己的房地产事业铺平道路的每一个步骤。他要做的第一件事就是尽快加入该市的“快乐俱乐部”，去结识那些出入该俱乐部的社会名流和百万富翁。对迪尔这样一个无名小辈来说，要想进这样高档的俱乐部，实在不容易，但迪尔还是决心去大胆尝试一番。

迪尔第一次打电话给“快乐俱乐部”，刚说完自己的姓名，电话随着一声斥责就被对方挂了。迪尔仍不死心，又打了两次，结果仍遭到对方的嘲弄和拒绝。

“这样坚持下去，将会毫无结果。”迪尔望着电话机喃喃自语，突然，他心生一计，又拿起了电话。这次他声称有东西给俱乐部董事长。对方以为他来头不小，连忙将董事长的电话号码和姓名告诉了他。

迪尔得意地笑了，他立即打电话给“快乐俱乐部”董事长，告诉他想加入俱乐部的要求。董事长没说同意也没说不同意，却让迪尔来陪他喝酒聊天。迪尔自然满口答应了。

通过喝酒聊天，迪尔逐渐与这位董事长成了朋友。几个月后，在董事长的特殊关照下，他如愿以偿，成为了“快乐俱乐部”中的一员。

在俱乐部中迪尔以董事长朋友的身份结识了许多富商巨贾，建立了良好的关系网。

1972年，丹佛市的房地产产业陷入萧条，大量的坏消息使这座城市的房地产开发商们严重受挫，丹佛人都在为这个城市的命运担心。然而在迪尔看来，丹佛城的困境对他来说无疑是天赐良机，从前那些对他来说是可望而不可即的好地皮，现在可以以较低的价格任意挑选收购了。

就在这时，迪尔从朋友处得到一个消息：丹佛市中央铁路公司委托维克多·米尔莉出售西岸河滨50号、40号废弃的铁路站场。

迪尔凭着自己敏锐的眼光和经验判断出：房地产萧条是暂时性的，赚大钱的好机会终于降临了。为此，他把自己所拥有的几个小公司合并起来，改称为迪尔集团，使他更具实力。

第二天一早，迪尔便打电话给米尔莉，表示愿意买下这些铁路站场，并约定了在米尔莉的办公室商谈这笔买卖。

风度翩翩、年轻精干，再加上是“快乐俱乐部董事长的朋友”，迪尔给米尔莉留下极好的印象。他们很快便达成协议：迪尔集团以200万美元的价格购买了西岸河滨的那两块地皮。不久，房地产升温，迪尔手中的两块地皮涨到了700万美元。他见价格可观，便将地皮脱手了。

经过许多人的帮助和自己的努力，迪尔终于挖到了来到丹佛市的第一桶金——500万美元。这是他闯荡丹佛的第一笔大买卖，也是他第一次独立做成的房地产生意。此后，他开始了在美国辉煌的经商生涯。

看一个人的底牌，要看他周围有什么样的朋友，朋友对你的衬托作用相当明显。从现在开始，在你的朋友当中多增加一些“有分量”的人物。这样，你的事业将会发展得更加顺畅。

CHAPTER 2

知己知彼商海难败，生意有风险交友需谨慎

俗话说："画虎画皮难画骨，知人知面难知心。"在现实生活中，有这样一种人：他们打着"朋友"的幌子，专门坑害那些把他们当朋友的人，让人防不胜防。这种人对于生意人来说是一种大害。对此，你要练就一双"火眼金睛"，将这些人从朋友中区分开来，为自己的事业保驾护航。

◎　一眼看穿别人的企图

喜欢下象棋的人都有这样的经验，若你想赢得这盘棋，除了要清楚棋盘上的棋子外，还必须要看透对方下这步棋的用意，进而判断出其后的布局，方能最后赢棋。“正所谓高手前后看三步”，讲的就是这个道理。

人与人之间的交往有很多时候是抱有某种目的的。与人相处，从某种意义上说就如同下象棋，知道对方的企图才能更好行事。

人心藏于胸腹中，即便是朋友，也未必就能轻易地了解对方。但是，人的心思却可由其显现于外的表情、动作、言谈等流露出来。下面几种方法可以帮你看穿对方的心理。

1.反问对方以确认其意图

有些人惯常使用模棱两可的回答。如果你遇上说话语意不明者，而他又避免做明确的结论，乍听似乎有理，实则并不然时，为了确认他是否为踌躇的人，可利用他自发的双面理论来加以辨明。在他提出强调一方结论后，应立即反问他对于另一方的理论有何看法。

2.请坚持讲完你的话

如果与人见面时，对方表现出闻一知十的态度，你在心里须先设戒心。因为他对你的个性、情绪毫无所知，却表现出闻一知十的样子，其意义大多表示不想倾听你谈话的拒绝姿态，只是碍于礼仪或情面，不好直接表明。但是，如果话才说出，对方即频频点头表示了解，你不可缄默其口，而要坚持说完你的话，让他更加了解。

3.内心不安的表面特征

通常，见面双方都持着该有的礼仪待人，若是对方态度异常地冷淡无礼，有可能说明他的内心隐藏着不安，为了掩饰其弱点，便采用这种扰乱战术。你可不要被他的假面具所吓退，此时要以冷静的态度应付，才是上上之策。

4.面无表情的表情

面无表情的表情，正是对方内心无言的表达。当人类强烈的欲望无法得到满足，或心底充满敌意与不欲为人知的情感，不敢直接表露而努力压抑时，就会变得面无表情。所以，无表情并非内心毫无所感，而是波涛暗涌，畏于表现出来。在他们没有表情的面孔下，实则深藏着不为人知的想法。

5.对方突然多话时

人变得多话，并非只是在他想表达自我的时候，相反，想打断或想结束某话题时，也是如此。所以当对方突然高谈阔论起来时，仔细想想是否提到他们不愿触及的问题呢？话多并不表示能言善道，只不过是掩藏自己的烟幕弹罢了。

6.对方特别亲切时

面对对方亲切无比的态度，若是认为自己交际成功而沾沾自喜，那真是大错特错。过度亲切难道不是因为为了掩饰内心的不安才如此？此时，你应该若无其事地转变话题，以探知他的真意。

7.递上一支烟

香烟盒乃是人们用来不露痕迹地表示己方的意思的一种信号。因此，若是推拒了对方所递过来的香烟，而取出自己的香烟来抽的话，会被认为是不接受的一种拒绝态度。

8.对方将手插入裤袋时

手插入裤袋，多半是在紧张之余，无意识地把手放入裤袋中的。不论何人，为了要解除内心的紧张，大都会作出解除身体紧张的动作。他将手插入裤袋中，也只不过是要借着触摸自己身体中易于接触的位置，来提高与自己的亲密性，进而消除紧张。初次会面的对象，即使他做出违反礼仪的动作，因此责难他也并非上策。接受对方的那些信号，并使其紧张得以缓和，这才是引出他真心话的一个前提。

9.故意与对方的意见相左

在以了解人品和思想为目的的面谈中，为了能在有限的时间内尽可能地了解对方，就有各种深层的方法被使用，其中有一种被称为压迫面谈的方法。这是一种向面谈者提出令他不快的问题，或是将其置于孤立状态而迫使他做二者择一的决断的方法，将其赶入危机的状况中而视他的反应。

10.持续提出问题，让对方回答

对于人际交往，特别是要探知对方的真意时，不论有关任何一方面，都有必要让他说出更多的话。因此，这一方法应是一个有效的助力。

11.对方若把话题岔开

对方将话题岔开，大致上有三种情形：其一是因为完全不留神而岔开了，其二是因为突然产生出乎意料的联想而岔开，其三则是故意将话题引到别处的情形。这些情形，都表示说话者目前的兴趣和精力，已转向别的话题上。因此，不要在中途截断他的谈话，让他继续一段时间。如果是第一种情形，不久他就会对于究竟何者才是正题也感到非常诧异。第二种情形，因为本人并没有忘记本题，所以能自然地了解到其联想与本题的关系。而如果隔一段时间之后仍然不能回到本题的话，就可以判断为第三种情形。依此种方法，可以了解到，乍看之下是很浪费时间精力的“离题谈话”，也可以成为读出对方心理的一个绝好机会。

12.不妨闲话家常

在不了解对方的性格、感情特点等的情况下而与之做初次见面的谈话，就像拳击比赛，需要猛击，完全脱离目的的闲谈，就如同看似没有目标的进攻，提供了看清他本意的线索。如果他加入了闲谈中，则可视为接受己方态度的表现。假设他并不参与闲谈，那么对于己方所引出的闲谈，他应该表示出一些反应。视其反应，己方就可以决定是进是退，或是再进一步试试看等，以改变自己的战术。

当你被夸奖时，夸奖的言辞、恭维话，并不都是单纯可喜的。一被别人称赞就立刻上当的，会被认为是太简单、太幼稚。然而，若是露骨地表示出猜疑心并冷冷地应对，这也会破坏交际的气氛。

因此，恰当的方法是，先谦虚一番，然后继续保持着探索对方真意何在的姿态。由此就能够找出他隐藏于赞赏言辞后面的观察之心，并且判断出他是否对你怀有敌意或某种企图。

当然，人心是无法仅从肤浅的表面所能够了解的，有时，你认为自己已经了解了对方的想法。可实际上，这正是他为了掩饰自己的行为而故意放的“烟幕弹”。

◎ 通过衣着窥探内心

在平时与别人的交往中，你是否因为无法了解对方的内心而困扰？这时，你不妨从对方的衣着上来判断。衣服本是人类用来遮体御寒的，但是人们却很难想到，为了要穿上自己喜爱的衣服，反而会把自己毫无掩饰地暴露出来。因为每个人所选购的衣服，包括颜色、质地等都无一例外地把自己的心理状态袒露无遗。

1.衣着华丽者

在茫茫人海中，你可以发现某些人总是穿着引人注目的华美服饰，这种人大体上有强烈的自我表现欲，爱出风头。此外，这种人多数对于金钱的欲望特别迫切。所以，当你与这类身着华服的人做生意时，你就能洞察到他们的这种心理，多夸奖他们的服饰，满足其膨胀的表现欲是一个好办法，这种人不仅不会与你为敌，反而会轻易地答应你所提出的条件。

2.衣着朴素者

有一种人穿着非常朴素，不爱穿华美的衣服，这种人大多缺乏主体性格，对自己缺乏信心。希望对别人施加威严，以弥补自己的自卑心理。和这种人谈生意时，千万注意别与他们争执不休，因为越是自卑的人，越想掩饰自己的自卑，越会与人喋喋不休地争吵，以期保存残存的一点点面子，争吵绝对不利于和他保持良好的生意关系。这时候，你可以大大方方承认他的观点，他反而会感到你的宽容大度，在对方心平气顺的时候，你可能会取得意想不到的效果。

3.喜欢时髦服装者

有一种人，完全不理会自己的嗜好和别人的看法，甚至不知道自己真正喜欢什么，他们只以流行为嗜好，向流行看齐。实际上，这种人在内心深处常有一种孤独感，情绪也经常会波动不安。与此类人打交道，可以采取“以迂为直”的策略，你不妨也来点“时髦”，并尽量从时下最流行的事和物谈起，从而引起对方对你这个人感兴趣，然后再逐步切入生意的正题。

4.不理时尚者

有一种人对于流行的状况丝毫不为所动，这种人的个性可以说是十分强硬，但也有一些人是不敢面对外面的花花世界，而一味地把自己关在小屋子里。这种人认为，如果事事跟别人趋同，岂不是等于失去了自我？这种人常常以自我为中心，经常弄得大家索然无味。和这种人谈生意，要采取“顺毛摸”的办法哄着、顺着，在其兴高采烈之时，不知不觉拍板成交。

5.常突然改变服装嗜好者

也许你某一天发现经常打交道的客户突然改变了习惯的穿戴，

你千万不要惊慌，这种常会突然改变自己服装嗜好的人，大多是想改变生活方式，也有逃避现实的成分。你若想与他保持良好的关系，应当显得不当一回事；或者说些赞美他穿什么都很不错之类的话，相信他的心灵大门一定会向你敞开。你承认对方的态度比质疑的态度要强，你就会赢得别人的回报——合作。

6.冷静对待时尚者

有一种人对流行既不狂热，也不会置之不理，改变穿衣也是渐渐实行。这一种人处世中庸，情绪稳定，一般不会做什么出格的事。他们多有理性，不过于顺从欲望，也不盲从大众时尚。此种人比较可靠，值得结交。与他们做生意应以诚为本，因为他们既是你可以信赖的客户，也可能成为你今后的长期合作客户。

◎ 握手礼中透露的信息

握手是最简单的礼仪，其中所表达的丰富含义可以让人获得很多的信息。

握手是从原始的双手举起的姿势（表示没有携带武器）演变而来，后来采用罗马式手碰胸的姿势表示问候之意。在现代，握手是表示欢迎。手心张开表示公开，而接触表示合二为一。

握手这一“见面礼”形式虽然简单，但每个人握手的方式都不尽相同，一个人与他人握手时所采用的方式，很能反映出其的个性。

这是比较容易理解的常识：使劲握手的人，通常表示他的主动性很强，而且充满了信心；反之，不用劲握手的人，表示其有气无力，或性格脆弱。在舞会或公共场合里，不断地前去和陌生人握手，表示这个人富有社交经验和较强的自我表现欲。

具体地说，利用握手的方式，到底要怎样才能了解对方那种微妙的心理活动呢？最具代表性的一种现象，就是透过手的温度状况来判断。

在人类的身体中，当发生恐怖或惊吓的感情变化时，跟自己无关的自律神经意识会突然活跃起来，并引起呼吸的紧张、血压与脉搏的变化，或是汗腺的兴奋等状况。你如果跟对方握手，发现对方的手掌出汗时，这就表示对方的情绪高涨，也可以说是失去心理平衡的表现。有些女性表面上看来冷若冰霜，但若握住她的手，却发现她的掌心有汗，这是因为男性的容貌、身体，或者语言、气氛等，引起了她某种兴奋的表现。

由此可见，你可从握手的力度和手掌的感触，来观察对方的内心。

下面，来看一看各种不同的握手方式及其所透露的信息。

1.大力挤握型

握手时，紧抓对方手掌，大力挤握，令对方痛楚难忍，此类人精力充沛，自信心强，为人则偏于专断专行，但组织力和领导才能都很突出。

2.沉稳专注型

握手时力度适可，双目注视对方，此类人个性坚毅坦率，有责任感而且可靠，思想缜密，善于推理，经常能为人提供建设性的意见。每当困难出现时，总是能迅速地提出可行的应对方法，很得他人的信赖。

3.漫不经心型

握手时只轻柔地触握，此类人随和豁达，绝不偏执，颇有游戏人间的洒脱，谦和从众。

4.双手并用型

握手时习惯双手握住对方的手，此类人热诚温厚，心地善良，对朋友最能推心置腹，喜怒于形而且爱憎分明。

5.长握不舍型

握手时握住对方久久不放，此类人情感丰富，喜欢结交朋友，一旦建立友谊，则忠诚不渝。

6.用手指抓握型

握手时只用手指抓握住对方而掌心不与对方接触，此类人平和而敏感，情绪易激动。不过，心地善良而富有同情心。

7.上下摇摆型

握手时紧抓对方，不断上下摇动，此类人极度乐观，对人生充满希望。他们以积极热忱而成为受人爱戴倾慕的对象。

8.规避握手型

有些人从不愿意与人握手。他们个性内向羞怯，保守但真挚。

◎ 通过举止辨别朋友言行的真伪

社会很复杂，什么样的人都有，很难保证朋友对你说的话都是真的。为了利益而撒谎的朋友大有人在。也许当时你并不知道他在说谎，除非谎言当场被揭穿。然而这种情况很少见，大多数人是在事后才知道，那是因为谎言已付诸行动显现出来了。

你是否察觉到，人在说谎的时候总是不自觉地做出一些小动作来掩饰自己内心的不安。

下面是一些说谎者常有的小动作，从这些小动作中，你可轻易一眼判断出对方是否在说谎。

1.掩嘴

这是一种明显的孩子气的动作，用拇指触在面颊上，将手遮住嘴的部位称作掩嘴。也许说谎者大脑潜意识中使他想忍住那些欺诈的语言，而导致了掩嘴这一动作。也有人假装咳嗽来掩饰其掩嘴的动作。如果一个与你谈话的人常伴有掩嘴的手势，说明他也许正在说谎话。可当你讲话时，听者掩着嘴，说明也许听者觉察到你在说谎。

2.揉眼睛

说谎者为了防止别人看出其虚假的表情，常用这种手势掩饰自己。说谎时，男人一般用力揉眼睛。如果说了大谎，他讲话时经常会向别处看，通常会向地板上看，女人说谎时通常轻揉眼睛稍下的部位。

3.挠脖子

说谎者讲话时常用写字的那只手的食指挠耳垂下方部位。有趣的是这种手势通常要挠上5次左右。

4.摸鼻子

这种手势是老练、乔装的表现。摸鼻子手势包括在鼻子下方轻揉几下，或者很快地揉一下，甚至摸得特别快，几乎不容易察觉到。有一种关于摸鼻子手势产生的解释是：当相反的想法进入脑子时，潜意识就会指令手去掩嘴。然而在掩嘴的最后时刻，为了使动作不明显表现出来，手又不知不觉地离开面部，快速摸鼻子的动作就这样形成了。

5.搓耳朵

这种手势常暗示着听者没有听出谎言。搓耳朵的变化形式还包括拉耳朵，这种手势是小孩子双手掩耳动作在成人动作中的一种重现。搓耳朵的说谎者还会用手拉耳垂或将整个耳朵朝前弯曲在耳孔上。

在错综复杂的商场上，这几种小动作虽不是判定谎言的直接依据，但也能给你作为一种参考和一点提示，让你对谎言留心观察。

◎ 了解朋友，看他如何对待别人

“朋友”一词在现今越来越受到人们的关注。虽然大家都说只要生命存在，“朋友”就会在生命中扎根，但还是有太多的人因为交友不慎而走上了扭曲的人生道路，因为朋友的背信弃义、相互攻击、拆台而感叹人间的苍凉。

因此，在交朋友时你要谨慎，要对对方多了解。人是很复杂的，了解一个人并不是一件简单的事。但只要你注意观察，就可以通过一个人的喜好来了解他的素质、修养和品德。

物以类聚，人以群分。只有性情相近、脾气相投的人，才能走到一块成为朋友。如果对方的朋友都是一些不三不四、不伦不类的人，他的素质也不会太高；如果他结交的都是些没有道德修养的人，他自己的修养也不会太好。有的人交朋友以性格、脾气取人，能说到一块就是朋友；有的人则以追求取人，有相同的追求就能成为朋友；有的人则因为爱好相同而走到一起。但无论如何，只有两个修养相当、品质差不多时才能成为永久性的朋友。所以，了解一个人的朋友也就了解了这个人。

想了解一个人，还可以观察他是怎样对待别人的。

人在得意的时候，特别爱诉说他与别人在一起交往时的情景，他说的时候是无意的，不会想到他与被说人有什么关系，所以，一般比较真实。

如果对方当着你的面说自己如何占了别人的便宜，如何欺骗了对方等，那你以后就得对他注意一点，有可能他也会这么对待你。

还有一种人比较圆滑，好像很会处世似的，往往是当面一套，背后一套，当着你的面说你如何如何好，别人如何如何不好。聪明的人就得注意这种人了，因为他在背后说别人的坏话，就有可能在你背后说你的坏话。

而有一种人可能当面批评你，指出你的缺点来，却又在你面前夸奖别人的优点，你也许不愿接受他这种直率，但这种人却是非常值得信赖的人。

另外，看一个人如何对待妻子、儿女、父母，就可分析出这人是否有责任感，自私还是不自私。

你可以通过他是否按时回家，有急事时是否想着通知家人，说起家人时是否感觉很亲切等，从这些细节可以看出他对家人的态度。一个不把家人放在心上的人是不会把朋友放在心上的。这种人往往心里只装着自己，只关心自己的得失安危，根本就不会想到朋友。所以交往时要注意尽量不要与那些没有责任感或没有家庭观念的人结交。

交朋友，要结交懂得自尊自爱的朋友。因为一个人如果不自尊，便无法尊敬别人。近朱者赤，近墨者黑，假使你所结交的朋友都是懂得自尊自爱的人，相信彼此都会互相尊重的。

与身心健全的人交往，不仅可以使自己得到别人的尊敬，而且也可以促进自己的身心健康，提高品德修养。

有自尊心且身心健康的人，通常都有很强烈的个人主观意识，不喜欢轻易附和别人的意见。但其具有诚实的本性，不仅能忠实于自己，也能忠实于朋友。

而且，他们为了保护自己，常常会表现出很强的自尊心，但这种自尊并不是一般所谓的傲慢，而且也丝毫不含一点轻视别人的意味，只是事事自己做主，不容他人插足而已。并且，这种人是无法忍受他人欺侮的，一旦有人欺侮他，就一定会遭到激烈地反抗。

另外，他们的心态一直很稳定，能与人愉快相处，从整体来说，这种人是属于和蔼、意志坚定的类型。因此，很容易成功。他们一般的生活情形如下：

1.工作很卖力，而且也有经济独立的能力；

2.过着安定、快乐的家庭生活；

3.能尽情地享受生活乐趣和休假的闲情；

4.一般健康状况良好，很少生病；

5.常受到人们的尊敬和喜爱；

6.很清楚自己的能力，而且能将自己的感情表达给别人知道；

7.能控制自己，因此，对自己的缺点也比较清楚；

8.能享受过去和现在的生活，对于未来也充满希望。

有自尊心且身心健康的人不仅能在工作岗位上尽忠职守，而且也能在人生的过程中，享受到真正的乐趣。如果你本身就是一个有自尊心且身心很健康的人，一定能够很轻易地分辨出别人是否和你具有同样的性格。

人生的成败与择友有着密切的关系。“欲知其人，先观其友。”“智者永远不和愚者为伍。”真正的朋友会解救你于危难中，居心叵测的“朋友”会推你入万丈深渊。不要轻易当别人的朋友，也不要轻易接受别人当你的朋友，因为真挚的友情比生命更久远。

◎ 小心成为朋友“杀熟”的对象

“杀熟”现象兴起于20世纪90年代。在当时，由朋友构成的关系成为一种重要的社会资本。谁有较多的社会资本，谁就可能获得商业上的成功。

在现代社会，对朋友的信任和对陌生人的不信任，一直就是硬币的两个面。这种信任使得人们对朋友的防范之心大为降低，从而导致很多人在商场失利，而原因恰恰是被朋友所“杀”，因为不是朋友不会上当。

在十几年前，许多人下海经商，于是到朋友那里买东西，几乎成了人们的一种消费观念。有一热心人根据自己的经历，曾在报上发表过几则“生活忠告”，其中有一则的标题是“不要到朋友店铺买东西”。大意是，到熟人那里买东西，起码有两大坏处：一是没有足够的勇气杀价，人家说按进价卖给你，你就不好怀疑，所以往往“以占便宜的方式吃亏”；二是明知上了当挨了宰，又碍于情面，没法去理论，所以往往有气无处出。

有一段时期社会上到处办“保安培训班”，招生简章写得天花乱坠。贫困地区的一些青年以为是天赐良机，一个接一个的从农村涌入城市，梦想着将来也穿上制服，在城里谋一份工作，改变自己的命运。但这之间，却发生了许多让人伤心的事。

甘肃环县山区曾发生过一个这样的真实故事：一男孩经不住一个远方亲戚孩子的鼓动，家里借了几千块钱，送他到某大城市去“学习”。但没过几天，这男孩就摇身一变，成了保安学校“招生办”的人，跑回来“大量招生”，结果好几个朋友都跟他去了。又过了不长一段时间，后去的几个也回来“招生”了，瞄准的同样还是熟人。据说，他们的“待遇”，就是从亲自招的“学员”身上提成出来的；而所谓的“保安学校”，只不过是一个“严肃”的壳子而已，结业分配等承诺也只是一句美丽的谎言。

明知是骗人，他还得去骗，因为他被人骗了。这是他的解释。而当初，很多人之所以不惜血本，敢把孩子送出家门，就是因为熟人这一层关系。

最近几年，传销发疯似的闯入人们的生活。传销的产品如何是一回事，传销链的形成又是一回事。不得不承认，目前流行的传销方式，一个最值得注意的现象，就是“熟人相见，分外眼红”，为了能使自己“致富”，不惜拉朋友下水。这是一种很典型的“杀熟”现象。

在中国，有一句话叫“熟人好办事”。不论怎么说，它都代表着一种很重要的信任结构。在人与人的交往中，从近到远，从亲到疏，从熟悉到陌生，不可否认，总会表现出不同层次的信任度。有什么事，你总是先找最近、最亲、最熟的人诉说，然后寻求解决的办法。家庭成员之间、同事之间、同学之间、朋友之间、邻居之间相互交往的事实也证明，熟识本身就是一种重要的道德基础和信任资源。人们在日常生活中，之所以非常重视熟人之间的关系，就在于它可以增加人们处世的安全感和对社会的信任感。中国人民大学社会学系副教授郑也夫在谈到传销现象时说："'杀熟'对道德的最大伤害，就是对我国社会这种信任结构的打击，使人与人之间失去了最起码的信任支点。可以说，一个人出于纯粹的个人利益而开始'杀熟'，就是开始摧毁自己最基本的道德基础。"

被熟人"当头狠宰一刀"的事不胜枚举，还有些虽然称不上"狠宰一刀"，但也不能说是"温柔一刀"！比如，前一阵子，有一家公司销售不冻液，就发生了一种怪现象，凡是初次购买的新客户，货款都如期如数收了回来，而有些老客户，也就是所谓的熟人，货早已销售出去，货款却收不回来，至今还欠着货款30多万元。虽经三番五次的软磨硬泡，可就是收不回来。什么原因？因为是熟人，熟人就有个"面子"问题，撕破了"面子"谁都不好看，真是被熟人所"杀"没商量。

其实，要想避免被熟人所"杀"，也不是没有办法，也不是说你周围所有的熟人都不可信。做生意哪能离开熟人的支持和帮助？不过，现在既然实行的是社会主义市场经济，在经济活动中就要以社会主义市场经济的原则和杠杆来规范和约束自己，切忌感情用事，做熟人、人情生意时，为了防止被熟人所"杀"，根据以往的经验，要做到以下几条：

1.要熟知对方的人品和实力

人品即人的品质、道德，古人云：德为上。远离道德不好的生意人。了解对方的人品，最根本的方法就是要看是否有过损害别人利益的劣迹。不能认为过去还可以，就盲目相信，人是随着环境变化而变化的。另外，一定要了解对方的实力（偿还能力），不仅仅是听其言（吹），更重要的是观其行（真）。

2.要严格遵守规章和制度

规章和制度是经济活动的“铁杠杆”“高压线”，碰不得同时又是防止被“杀”的“防身术”。企图绕过规章制度、自作聪明的一切错误做法，最终都是在害企业害自己。

3.顶住利益的诱惑

做生意是为了赚钱，天经地义。但当对方以高额利益或重金诱惑时，或以超乎寻常的手法贿赂时，往往就会同时设下陷阱，对此要十分警惕。时刻记住“天上不会掉馅饼”这个真理。

◎ 对不良朋友敬而远之

在选择朋友时，你要努力与那些乐观、富于进取心、品格高尚和有才能的人交往，这样才能保证你拥有一个良好的生存环境，获得好的精神食粮以及朋友的真诚帮助。这正是孔子所说的“无友不如己者”的意思。

相反，如果你择友不慎，恰恰结交了那些思想消极、品格低下、行为恶劣的人，你会陷入这种恶劣的环境难以自拔，甚至受到“恶友”的连累，成为无辜受难的“虱子”。

何为良友？何为恶友？在以下几个方面仔细审查一下你和朋友是如何相处的便知。

其一，吃吃喝喝。有一种说法“朋友，朋友，抽烟喝酒”。朋友凑在一起，就是吃吃喝喝。一喝起酒来，便一醉方休，一高兴起来，便划拳行令，甚至酗酒闹事，醉卧大街。当然，朋友交往少不了必要的宴请，如某人升学、参军等大家聚在一起，举杯话别，相互勉励。但是，动辄吃喝则是一种庸俗的习气。还是古人讲得好

“君子之交淡若水”“友如作画须求淡”。

其二，玩玩闹闹。朋友在一起玩玩闹闹，也是正常的，有害于友谊的是那种庸俗的玩乐。何谓庸俗的玩乐，可以从以下内容看：首先，为什么要玩乐。如果把友谊同玩乐画等号，朋友之间就是为了在一起玩乐，那就是庸俗的习气。如果把玩乐放在从属的地位，朋友在一起玩玩，是为了调节一下气氛，为了舒展一下筋骨，交流一下信息，这是正常的、有益的；其次，用多少时间玩乐。如果对打扑克、下棋、跳舞等娱乐活动入了迷，一玩起来就什么也不顾了，甚至通宵达旦，影响了第二天的工作，那就不好了；再次，怎样玩乐。在工作之余，朋友们登山、游泳、欣赏音乐等这种玩乐可以开阔视野、陶冶情操、锻炼意志，这与学习、工作有关，是必要的、有益的。若是沉湎于不健康的活动里，如赌博、斗殴、寻衅等，就是不正常的、有害的。社会主义精神文明建设的逐步完善，为大家开辟了业余生活的广阔天地，应让高尚的情趣充实你的业余时间，从中汲取健康的养料和丰富的知识。

其三，闲聊扯皮。谢觉哉同志在《交朋友的道理》一文中指出：朋友相聚，不谈工作、不谈学习、不谈政治，只谈些个人间私利私愤的事，这叫作“群居终日，言不及义”。有的人正是这样，聚在一起专谈一些庸俗的生活小事：谈女人，说脏话；讲吃讲穿，比派头，比阔气；互相奉承，比赛吹牛；海阔天空，不着边际，玩笑庸俗；拉三扯四，搬弄是非……正常的友谊，就要被庸俗的闲聊扯皮蚕食掉了，朋友变成了“帮闲”。

假如你已不慎交上了不良的朋友，应采取敬而远之的态度，要知道：把一只烂苹果留在筐里，会使一筐的苹果都腐烂掉。

一个人择友一定要在“良”字上下功夫。固然，“金无足赤，人无完人”，你选择的朋友，尽管会有这样那样的不足，但必须本质是好的。他能与你坦诚相处，道义上能互相勉励，当你有了成绩能与你分享，有了过错能严肃规劝你，这种真诚待人的朋友可称为“挚友”，这种能指出你过错的朋友又称为“诤友”，这种能使你对真、善、美的事物更加向往，使你变得更高尚，更富有智慧的朋友，就是你应当寻求的，并使你终生受益的“良友”。与这样的朋友建立起健康而真挚的友谊，会成为你前进的动力。

相反，那种可能使你变得庸俗低下，使你思想品德“滑坡”，或以封建的哥们义气拉拢、迷惑你，没有原则，不讲是非，拉帮结派，甚至会坠入犯罪的深渊，这种所谓的“朋友”是万万交不得的。

贝多芬和歌德在未曾谋面之前，就相互思慕和景仰。歌德视贝多芬为当代最伟大的音乐家。贝多芬则表示，“歌德和席勒是我在奥西安和荷马之外最心爱的诗人！”

1812年，两位伟人在著名的避暑胜地波希米浴场首次会面。当歌德和贝多芬挽手散步时，迎面遇到了皇族。此时，歌德松开了贝多芬的手臂，站在路旁，准备让路，而贝多芬却昂首阔步继续前进。当他回头看见歌德站在路边向皇族脱帽弯腰的情景时，非常生气，并毫不客气地把歌德批评了一顿。

后来，贝多芬把这个情况写信告诉他的朋友并指出：“尽管君王和贵族可能会造就教授和机要参赞，还可以赏赐给这些人头衔和勋章，但他们不能造就伟大的人物，不能造就超越庸俗社会的高尚的精神……而像我和歌德这样两个人在一起的时候，这些君侯贵族应当感到我们的伟大。”

在现实生活中，确实有很多的功利朋友，他们看中的是你的权势、关系，像这样的人，一旦现出原形，就要及时断绝来往，避免被拉下水，没有回头的希望。

与朋友断交，有几种方式，不同的情况可采用不同的断交方式，会起到较好的效果。

反目成仇型：断交以突变、公开决裂为特征。一旦朋友关系破裂，便会忘却过去的情谊，态度来个一百八十度转变，由朋友变成仇人，甚至互相对骂、揭短、大打出手，把对方置之死地而后快，这是下下之策。

渐变冷却型：当发现对方不够朋友，不能再继续交往下去，他们并不公开争吵、决裂，而是逐步降温、渐渐疏远，使彼此的关系在较为平静的情况下由朋友降为路人，心照不宣地完成断交过程。

友好分手型：双方在决定分手时，依然不失和谐气氛，相敬如宾，彬彬有礼，心平气和地告别昨天，并祝福未来，这是上策。

对于心中有鬼的朋友，采用第二种方式比较好，但是如果对方找后账，也不要怕他。要意识到你再也不能“滑坡”了，宁可得罪他，也不能犹犹豫豫，否则将给你带来更大的祸患。

◎ 不要为友情而抵押面子

朋友之间开口借钱是最平常的事，因为是朋友，谁都有向朋友开口的事，朋友就是要相互帮助。当然，许多人都能做到好借好还，但也有各种原因，总有人不按时归还，或根本就不能归还。有的人甚至在借出之前就知道，这钱已丢在水里了。但不借吧，又碍于情面和友情，觉得对不住朋友，左右为难。

这个时候得问清楚，朋友用钱做什么，如果是生活所必需的，用于衣食住行，那义不容辞，当然借，没偿还能力也必须借；反之，则不然，因为他已经失去了最起码的信用，如果再去冒险做生意之类的事情，就必须拒绝。

你可以给予一定数额的馈赠。有人向你借5000元钱，而他又没有多少偿还能力或信誉不佳时，你可以主动资助他300元或500元，剩下的钱则不借了，并言明，他可以不用还了。这样看来你吃亏了，但实际上你失去的并不多。

首先，由于你的无偿资助保护了你的友情，可能还加深了这种友情。其次，你也能避免更大的损失。因为有些借款是要冒大风险的。有一个人，他这样借钱。当朋友介绍他结交了另一个朋友后，他主动打电话交谈，这自然加深了友情。一天，他突然找到新结交的朋友，很随意地提出借钱，朋友也很自然地借了他1000元。他说一周后一定还，果然如期偿还，他的信誉就得到了保证。过了没有多久，他突然找到那位新朋友，一副十万火急的样子，开口就要借5000元，并说一周准还。因为有他前一次的信用在先，朋友当然帮忙，结果，人去钱空。这便是一种欺诈了，是利用友情的诈骗。

有位台湾作家说过，借钱给你的朋友，就意味着可能失去一个朋友。据说钱钟书先生就用这个办法对待朋友借钱的，如果你向他借500元，他会说，我给你200元，你不用还了。

大众传统的友情观是“你的就是我的，我的就是你的”或“都是朋友，好说”。说得潇洒听得欢快，但其实不然，得重视立字为据，来个先小人后君子，否则往往为友情埋下了“翻脸”的导火线。

做生意的朋友都有过和朋友合伙的体验，生意好做，伙计难处，民间早已有了定论。一般人都有这样的经历，在经济交往中，如果与一般的人有什么金钱交往，往往都会想到立个字据，而和朋友间的交往，谁也不愿提及或根本就想不到立字据这个说法。

现代社会是个法制社会，朋友间的任何交往都要受法律的制约，你的友情也要适应这个法制的社会。作为朋友，作为友情的载体，你必须转换心态，不要让友情为你承担太多的负担。你要学会运用合法的手段维护友情，这是现代人应酬成功的关键之一。

CHAPTER 3

交友之道在于交心，做生意之道在于做人

在商场上驰骋拼搏，屡战屡胜的能手，也必然是人情世故的行家。他们做生意的信条是：诚实中不妨有些灵活，多变中不可丢失本分。因为商道实质上就是人道，经商就是做人，交易就是交心。要做一个成功的商人首先就要做好人，先学做人，才会做事。这就是一个成功商人和普通商人的最大区别。

◎ 李嘉诚谈：经商必须先做人

商人分三种：只贪图利益的，充其量一辈子做一个小商人；能够看清市场的，只能做一个中等商人；而一个能把做人的原则放在首位的人，才能成为一代大商人。做人之道与经商之道其实并不矛盾，相反，它们是紧密相连的。天下最聪明的生意经是“做人重于经商”，也就是说，要经商必须先学会做人。那些眼睛只看到钱，甚至企图靠坑蒙拐骗做生意的人，只可能赚一次是一次，永远都不可能把生意做大。而那些心明眼亮，懂得把做人的利害关系放在第一位，能够以诚待人的人，则会树立起自己的人格，把人格转化为无形的资产，最后成就一番大的事业。

人最重要的素质就是“信”。一个生意的开始意味着一个良好信誉的开始，有了信誉，自然就会有财路，这是必须具备的商业道德。就像做人一样，忠诚、有义气，对于自己说出的每一句话、做出的每一个承诺，一定要牢牢记在心里，并且一定要能够做到。在这一点上，华人富商李嘉诚不仅把这个“信”字体现在生意场上，而且也把它体现在生活的方方面面。有一件小事最能说明他不失信于人。

在20世纪50年代，李嘉诚初做塑料花的时候，香港皇后大道有间公爵行，他常去那里接洽生意，并且经常看到一个四五十岁很斯文的妇女在那里乞讨，虽是个乞丐，但她从不伸手要钱。李嘉诚每次都会拿钱给她。有一次，天很冷，李嘉诚看见人们都快步走过并不理睬她，于是，李嘉诚便和她交谈，问她会不会卖报纸。她说有同乡也干这行。于是，李嘉诚便让她带同乡一起来见他，想帮她做份小生意。

时间约在后天的同一地点，而客户偏偏在同一天提出要到李嘉诚的工厂参观，客户至上，李嘉诚也没有办法。后来在交谈时，他突然说了声“Excuse me”，便匆匆跑开。客人以为李嘉诚上洗手间，其实他跑出工厂，飞车来到约定的地点，途中超速和危险驾驶的事都做了，但好在没有失约，见到那妇人和卖报纸的同乡，问了一些问题后，就把钱交给她，她问李嘉诚姓名，李嘉诚没说，只要她答应自己一件事，就是要勤奋工作，不要再让他看见她在香港任何一处伸手要钱。事毕后，李嘉诚又飞车回到工厂，客户还在着急，见到他后忙问道：“为什么在洗手间找不到你？”李嘉诚笑一笑，这事就过去了。

李嘉诚对事业的“信”与他对人的“诚”是分不开的，诚信相合，即为“义”。

对人要守信用，对朋友要有义气，今日而言，也许很多人未必相信，但纵观那些事业上有成就的大商人，对他们来说，“义”字，实在是终身受用。

青年时的李嘉诚为了独立创业，拥有一方属于自己的商业天地，他满怀愧疚之情离开了对他有知遇之恩的塑胶公司。老板是个善人，非但没有怪他，还设宴为他饯行，这更让李嘉诚感动。20多年后，由于1973年世界经济危机的冲击，香港塑胶业出现了史无前例的原料大危机。已经是潮联塑胶业商会主席的李嘉诚，挂帅救业，同时，把自己公司的库存原料拨给以前自己打工的那家塑料公司，把自己恩公的公司从倒闭的边缘挽救回来。年过花甲的塑胶公司老板眼含热泪说："我没有看走眼阿诚的为人。"

也许有人认为，传统道德与商业文化大相径庭，水火不容。但成为商界巨子的李嘉诚，却能将这两者很好地融为一体。在香港这个物欲横流的商业社会中，他体现出了一个中国商人应有的传统美德，确实难能可贵。

能把生意做大的人，他们都精通"小商做事，中商做市，大商做人"的道理。

◎ 与人合作，过河不拆桥

在生意场上，制造商和经销商之间在买卖交易的过程中经常存在某种程度的冲突，但如果能够换个角度，以理念相结合，就算生意形态转变，仍然可以换个方式彼此扶持。

一位多年前赴美国留学的华人，毕业后留在美国自己创业，以连锁经营的方式，一连开了好几家销售电脑的商店，由于坚持服务至上，很快打开了当地的市场，生意做得很好。

几年后，他回到中国探亲，朋友向他请教经验，他说："我已经不做传统的电脑销售生意了。"朋友感到有些惊讶。随着他的解释才了解，由于网络的兴起，引发销售的革命，许多传统的电脑销售店都受到了一定程度的冲击。朋友便随之关心他如何转型，找到新的出路。

"现在，电脑由制造商自己在网上按照客户的要求销售，一般的零售店很少有生意做。只有配合大趋势转型了。很多零售店都由销售变成了提供服务和维修的单位。他们与制造商之间的生意关系反而比从前更加密切。以前制造商给什么产品，我就得卖什么。现在不能再用这种模式合作了，制造商需要我们更懂得他的产品，甚至使用者会出现什么样的问题，都必须清楚地告诉我们。”

人与人之间的合作，如果理念不合必须散伙，也应该给对方留点后路。这无论是从做生意的角度来看还是从做人的角度来看都是应该的。

你必须懂得过河不拆桥的道理。把桥留着，不仅是给别人留了一条过河的路，也是给自己留下一条后路。所以，过河不但不能拆桥，还要记得造新桥，让彼此在你来我往中，永远有路可走！

◎ 做人做生意要有“品牌意识”

对品牌这个词，想必你并不陌生，它是近年随着商品经济的发展而流行起来的，主要是针对已建立了一定信誉、并被公认的商品而言，一样的商品，打上不同的品牌，身价也大不相同。商品一旦建立了品牌，其价值就水涨船高。如果品牌不响，做再大的广告宣传也无济于事。这就是为什么一些企业不惜代价创立品牌、发展品牌的道理。

其实人也有“品牌”。比如，一谈到某位有了一定名气的人，我们就会联想到一系列与之相关的事情。在日常生活中，相信你也听过某人“很善良”，某人“很滑头”的评语，这就是人的“品牌”！众人的评语好，说明你给人的印象好，表示你的“品牌”好；反之，则“品牌”不好。

其实，你在做人方面的“品牌”与你的人际交往和事业是有很大关联的。那么你应该如何创造自己的“品牌”呢？

1.不要有损于你的“品牌”

简单地说，就是不要使人对你做出不好的评语，说你懒惰、喜欢投机、不正派、不忠、寡情、好斗、阴险……一旦他人对你做出一项或多项这样的评语，那么他人对你的信赖程度必定会降低，虽然事实上你并不是那样的人，而在关键时刻，这些评语也有可能对你造成伤害。要改变这种“品牌”印象不太容易，就像你买东西上了当，以后就不信任那个品牌一样。而这些印象也常常是在无意间造成的，人们也常常以“一次印象”来评价一个人，因此为人处世必须特别谨慎，有时不慎形成“瑕疵”，便一辈子也“洗刷不清”。

商品可以调换品牌，重新包装，人的声誉一旦受到损害就不太容易“洗清”。不过由于人们刻板的印象和个人好恶，在工作或生活中可能有一些人特别不欣赏你，并且专门挑你的缺点。只要自己行得正、坐得直，有一两个这种人不必放在心上，但如果很多人都对你这样看，恐怕就需要你认真对待了。

2.积极强化你的“品牌”

也就是通过各种方法，去塑造你在别人心目中的印象，就像为商品做广告那样。人的“品牌广告”有很多种做法，可做一些引起注意的事情，使自己成为小小的新闻或同行谈话的内容，但一般不太容易做，要做也得花不少心思，如果“操作”得不好更会弄巧成拙，因此不鼓励你这么做。倒是有一些做法可以达到同样的效果，也就是扬长避短，工作努力，发挥自己的长处，避免表现出短处，长处有目共睹，别人就不太在乎你无伤大雅的短处，假如你工作能力很强，但就是有些自私，大家也许就欣赏你的工作能力，而不在乎你的自私，好比家电耐用品质好，人们便不太在乎耗电。于是，工作能力强便成为你的“品牌”，这个“品牌”也许会伴随你一生！

其实，人的“品牌”就和商品的品牌一样，商品只要质量高、款式好、价格实在，就一定能受到消费者的青睐，最后成为具有相当知名度的品牌。做人也是同样的道理。

◎ 人格魅力胜过千万金

生意是人做出来的。一个处处受欢迎的人，他的业绩自然要比别的同行要高得多。如果你要想超过别人，在生意场上更加优秀，那么提高自己的人格魅力是当务之急。一般来说，想要成功就必须具备几种人格魅力。

1.热情

你要富有热情，在业务活动中待人接物更要始终保持热烈的情感。热情会使人感到亲切、自然，从而缩短双方的感情距离，和你一起创造出良好的交流思想、情感的环境。但也不能过分热情，过分热情会使人觉得虚情假意，而有所戒备，无形之中就筑起了一道心理防线。

2.开朗

开朗表现为坦率、爽直。具有这种性格的人，能主动积极地与他人交往，并能在交往中汲取营养，增长见识，培养友谊。

3.温和

温和表现为不严厉、不粗暴。具有这种性格的人，愿意与别人商量，能接受别人的意见，使别人感到亲切，容易和别人建立亲近的关系。但是，温和不能过分，过分则令人乏味，不利于交际。

4.坚毅

业务活动的任务是复杂的，实现业务活动目标总是与克服困难相伴随，所以，你必须具备坚毅的性格。只有意志坚定，有毅力，才能找到克服困难的办法，实现自己的预期目标。

5.耐性

耐性就是能忍耐、不急躁的性格。你作为自己组织和客户、雇主与公众的“中介人”，不免会遇到公众的投诉，被投诉者当作“出气筒”。因此，没有耐性，就会使自己的组织和客户、雇主与投诉的公众之间的矛盾进一步激化，工作也就无法开展。在被公众当作“出气筒”的时候，最好是迫使自己立即站到投诉者的立场上去。只有这样，才能忍受“逼迫心头的挑战”，然后客观地评价事态，顺利解决矛盾。在日常工作中，也要有耐性。既要做一个耐心的倾听者，对别人的讲话表示兴趣和关切；又要做一个耐心的说服者，使别人愉快地接受你的想法而没有被强迫的感觉。

6.宽容

在社交中，你要允许不同观点的存在，如果别人无意间侵害了你的利益，也要原谅他。你谅解了别人的过失，允许别人在各个方面与你不同，别人就会认为你是个有气度的人，从而愿意与你交往。

7.大方

举止自然，不拘束。有时候，你需要代表组织与社会各界联络沟通，参加各类社交活动，所以一定要讲究姿态和风度，做到举止大方，稳重而端庄。不要缩手缩脚，扭扭捏捏；不要毛手毛脚，慌里慌张；也不要漫不经心或咄咄逼人。坐立姿势要端正，行走步伐要稳健，谈话语气要平和，声调和手势要适度。只有如此，才能让人感到你所代表的企业是可靠和成熟的。

8.幽默感

你应当努力使自己的言行风趣、幽默。能够让人们觉得因为有了你而兴奋、活泼，并能让人们从你身上得到启发和鼓励。

◎ 居安思危，责任大于成就

无数人都用自己的亲身经历道出了商业道路的艰险，他们都表明你必须面对的一个基本事实：时时刻刻都处于危机的包围之中。

在日新月异不断推陈出新的商业世界里，谁还能记得更多的陈年产品？谁能注意那些即将倒闭或被兼并的企业名字？谁会将同情的眼泪洒向弱者？

再成功的人，再辉煌的成就，都有可能遭遇“风吹浪打”的一天。实际上，从严格的意义来说，人从来就没有“完全安全”的那一天。所以你就不应该讲述“居安思危”，因为你永远都处在挑战与陷阱编织的危机之中，你永远在危机虎视眈眈的包围之下。

有位电器行业的风云人物这样说：“我们的危机感大于安全感，责任感大于成就感。”在像潮水一般向国内涌来的外国公司咄咄逼人的态势面前，他们能从《红楼梦》中家大业大的荣宁二府由兴至衰的故事中得到启示，他们需要摆正自己的位置，需要“居安思危”，压力不减。

聪明的人都明白，以往的成功不能保证明天的安全，甚至还可能成为明天的障碍。一位外国富商这样说道：“在今天，你不止是与国内的业者竞争，世界各地都有跃跃欲试的对手，随时会给你致命的一击。而且，你还得和自我竞赛。居安思危，居危也思危。”

商人都在直面一个越来越大的竞争空间，都得遭遇一个越来越残酷激烈的商业社会，都不得不和国际市场、国际惯例接轨。面对危机、迎接危机、克服危机是每个商人的必修课，因为竞争是你的天职。你需要这份居安思危的清醒。

◎ 成功者靠五种品质做大生意

纵观那些事业有成的人，有些固然是天赋异禀可恃才傲物之辈，但更多的还是朋友遍天下行走可借力的人。还是那句老话，人有智商、情商、财商，当情商高到一定程度，自然可以挖掘人脉潜力、聚拢无穷人气、成就非凡人气，从而做出非凡的业绩。

能把生意做大的人，他们都精通“小商做事，中商做市，大商做人”的道理。在这些人身上一般都有着共同的品质。

1.慷慨大气结交朋友

美国石油大王洛克菲勒在其全盛时期曾感慨地说：“与人相处的能力，如果能像糖和咖啡一样可以买得到的话，我会为这种能力多付一些钱。”

而西方更有名言说：“二十岁靠体力赚钱，三十岁靠脑力赚钱，四十岁以后则靠交情赚钱。”

两者讲的都是一个意思：朋友多则赚钱的机会多。而朋友关系如何培养呢？完整的人际关系包含三个阶段：一是发掘人脉；二是经营交情；三是出现贵人。

有人也许说："经常吃饭喝酒的那是酒肉朋友，不见得真心。"但发展人脉的出发点就是先"跑量"，再从中精选可重点发展的对象，走好第一步，慷慨对人，让人感受到你的大气。

2.放低姿态增添人望

美国哈佛大学人际学教授约翰·杜威曾说："人类本质中最殷切的需求是渴望被肯定。"

即使你是一个很慷慨的人，天天请朋友吃饭，但总抱着骄傲自大的心态，别人说句什么就要反驳，估计你的朋友也不会很多。

当然，不是提倡言不由衷胡乱敷衍朋友，而是要学会"放低姿态，放软身段"，学会仔细倾听别人的话，更学习"忖度他人之心"，理解朋友这样说的原因和立场，尽量体谅他们，这样既能学习他们的优点，也能让朋友感觉到自己被尊重和理解。

总之，要增广人脉，更多的是注重以心换心。

3.不因人微而鄙视

也许你没有富爸爸，没有可减少奋斗二十年的终身伴侣，但如果懂得人情世故，一样可以得贵人襄助、获得多方助力。

但是千万不要怀着一份过于势利的短浅眼光经营人脉，有的人是富贵人物，穿金戴银，就一副小人嘴脸伺候着；有的人是潦倒的小人物，就忽视、轻视乃至鄙视他。

晚清的红顶商人胡雪岩，其高超的交际手腕总让后人大为叹服，胡雪岩的过人之处是"对事情看得透，眼光够远，从不会轻视小人物"。

中国台北“身心灵成长协会”的创办人赖淑惠开房产中介时有着“结交小人物”的经典案例。当时赖淑惠住在一个大厦里，同时兼营这个楼的房产中介，经她一番细心观察后，发现凡是对大厦有兴趣的买家，第一个总是先询问大门管理员，“最近有没有住户要卖房子啊？价钱多少呢？”

有趣的是，每次管理员的回答几乎是：“你去问住在八楼的赖小姐，她很喜欢买卖房子，这样就不必再去找其他中介商了。”此外，该楼谁要钱急用要卖房子的消息也总是第一个传到她的耳朵里。因此，赖淑惠在该大厦一个物业上整整赚进1000多万元。

为什么管理员愿意帮赖淑惠的忙？说穿了是她将任何人都当成家人般关心，赖淑惠每天出入大门，必会向当日值班的管理员打招呼，出差返回也会顺道带些当地名产略表心意。

4.困苦不离见真情

有这样一个人，在他生病住院时半天内有200多位朋友来探望。后来，他告诉别人，当时的重病让他呼吸停顿了数分钟，几乎送命，醒来看到身边的朋友都泪流满面，顿时感觉朋友都这么真心，自己过得很有意义。

西方行为学专家提出的理论里，指出人的一生大概可交往两百多位朋友，最核心的可以有50位。一般人看似朋友不少，但有过交情的却乏善可陈，像是在应酬场合活跃的人士，看起来人脉很广，但最后愿意为他两肋插刀、雪中送炭的都不是这些看起来热络却只是点头之交的人，而是你可能忽略，却真正重视和你交情的朋友。

那怎样才能让朋友在你需要帮助的时候愿意出手相助呢？最简

单的办法是在他们平时健康平安的时候和他们交好，在他们落难困苦的时候更热心地帮助他们。危机时刻建立的人脉不仅有用，而且能换得很好的口碑，在以后交别的朋友时也用得上。

5.坚持原则得信任

讲求人脉，不是要你随便和人交朋友，而是要选择有原则的“君子之交”。

胡刚一向将客户奉为人脉里的核心，但是不会因此改变自己的原则。一个曾经的客户想用一批产品捐赠给视力残障人士做公益，结果活动进行到快一半时，胡刚发现捐赠的产品其实是离保质期限很近的东西，于是要求他们调换新货，几经抗争仍遭到拒绝后他毅然选择单方面终止活动，不仅从此少了个客户还损失了已经垫付掉的款项。

但是这样做的结果是，其他客户和朋友知道了这件事情后，意识到结交这样一个有原则的朋友很放心，因为他是不会为了利益出卖原则损害他人的人。于是，他的朋友虽然减少了一个，却赢得了更高的人气与人望。

CHAPTER 4

先做人情后做生意，为你的生意做足人情投资

如果你能和别人在生意之外多一层相知和沟通，能够在人情世故上多一份关心，多一份相助。那么，即使你遇到不顺的情况时，你们双方也能够相互体谅。在交际中需要“感情投资”，特别是对生意人来说，这等于是为你铺好了前进的道路。你帮助了别人，让别人欠了你的人情，当你有需要的时候，自然能体现出相应的价值。

◎ 平时多联系，遇事有人帮

你是否发现：虽然经常应酬，但很难兼顾方方面面的朋友。日子一长，许多原本牢靠的关系就会变得松懈，联系少的朋友之间逐渐淡漠。当生意遇到某种困难时，想找以前的朋友帮忙，却突然想起自己很久没去看他了。现在有求于人才去找，会不会太唐突了？会不会遭到朋友的拒绝？

中国人讽刺临时找人帮忙的做法，最常用的话就是："平时不烧香，临时抱佛脚。"有事之时找朋友，人皆有之，无事之时找朋友，你可曾有过？朋友间即使再忙，也别忘了沟通感情。

与人相处，最基本的原则就是：不要与朋友失去联系，不要等到需要获得朋友帮助时才想到对方。"关系"就像一把刀，常常磨才不会生锈。

法国有一本名叫《小政治家必备》的书。书中教导那些有心在仕途上有所作为的人，必须起码搜集20个将来最有可能做总理的人的资料，并把它背得烂熟，然后有规律地、按时去拜访这些人，和他们维持相互间的朋友关系，这样，当这些人中的任何一个当了总理，自然就容易记起你来。

很多人都有忽视“感情投资”的毛病，一旦交上某个朋友，就不再去培养和发展双方之间的感情，长此以往，两个人的关系自然就淡漠了，最后甚至变成了陌路人。

可见，“感情投资”应该是经常性的，不可似有似无，要做到常联系、常沟通，到需要他们时才能用得着、靠得上。

朋友之间互相联系的方法有很多，礼尚往来、交流等，其中最普遍、最有人情味的一种方法是有空去对方那里坐坐。

人们在礼仪性的道别时，总不忘加一句“有空来玩”，不论这是否是一句发自肺腑的言语，听后都让人感到温情四溢，自己似乎可以从中体会到自己是被人所接受的，是受人欢迎的人。

事实上，你要做的并不多，只是有时间有心地去朋友家走一走，也许只是随意地寒暄几句，也许进行一次长谈，总之，就是努力加深对方对自己的印象，让彼此之间越来越熟悉，关系越来越融洽。

中国有许多礼节，碰上婚丧嫁娶等大事，亲戚朋友就要参加，有许多场合还得送礼，这是几千年来的传统，这是很有必要的，因为这是亲朋好友经常保持联系的一种方式。如果你常年关门闭户，既不“出去”，也不欢迎别人“进来”，那就孤立了自己。

在这个世界上，各个行业都有许多出类拔萃的人物，他们的影响是非同小可的，可利用与他们接触的机会和他们建立良好的关系，这对你的前途至关重要。不要等待，一味地等待只能使你错失良机，你应该积极地一步一步地去做，没有什么不好意思的。

如果你想多结交一些朋友，你就需要主动地了解对方的兴趣爱好。你可以通过多种方式得到他们各方面的信息。比如，平时相处时多观察了解，向他的朋友打听询问，或者查阅他的个人资料等。

有一个人，当他要结交新朋友时，总是想方设法知道对方的生日。于是，他四处请教他们，问他们是否认为生日会影响一个人的性格和前途，并借机叫他们把生日告诉他，然后悄悄地把他们的生日都记下来，并在日历上一一圈出，以防忘记。这些人生日的当天，他就送点小礼物或亲自去祝贺。很快，那些人就对他印象深刻，把他当成好朋友了。

人与人交往中会出现一些交际的好机会。多一些有益的朋友，会有机会转变你的一生。

“独木难支大厦”，朋友在关键时候帮你一把，可能会直接促成你事业的成功。所以，要时刻注意能结交朋友的好机会。

比如，朋友请你去参加一个生日聚会、舞会或者其他活动，你不要因为自己手头事忙，一时懒得动身而拒绝。因为这些场合是你结交新朋友的好机会。又如，新同事约你出去逛逛商店或者看场电影什么的，你最好也不要随便拒绝，因为这是发展关系的好机会。

结交朋友不仅要把握机遇，同时还要创造机遇。

如果你想和刚认识的朋友进一步发展关系，你可以请他们到你家做客。你可多花些心思寻找机会跟他多接触。人与人之间接触越多，彼此间的距离就可能越近。这跟你平时看东西一样，看的次数越多，越容易产生好感，就像你在广播或电视中反复听、反复看到的广告，久而久之也会在你心中留下印象一样。所以，交际中的一条重要规则就是：找机会多和别人接触。

一旦和别人取得联系，建立初步联系之后，要设法进一步巩固和发展。交际中往往会有两种目的：直接的无非就是想达到某项交易，或有利于事情的解决，或想得到别人某些方面的指导。如果并不是为了解决某个问题，也不是为了某种利益关系，只是为了和对方加深关系，增进了解，以使你们的朋友关系长期保存下来，这可以被看作是间接目的，这种间接目的可以使你的人生更有价值。

如果能保持无事相求时也能轻松地相互联络的关系，才是最理想的状态。真正可以亲密往来的朋友，越是无事相求时越能尽情地交往；反之，遇上有事相托时，即便三言两语，彼此也能明白对方想说的话。此时，对方会尽己所能来帮助你。

◎ 友情投资要走长线

友谊之花，须经长年累月培养；做人做事，不可急功近利。

善于放长线钓大鱼的人，看到大鱼上钩之后，总是不急着收线扬竿，把鱼甩到岸上。因为这样做，到头来不仅可能抓不到鱼，还可能把钓竿折断。他会按捺下心头的喜悦，不慌不忙地收几下线，慢慢把鱼拉近岸边；一旦大鱼挣扎，便又放松钓线，让鱼游窜几下，再又慢慢收钓。

如此张弛有度，待到大鱼筋疲力竭，无力挣扎，才将它拉近岸边，用网兜拽上岸。

求人也是一样，如果逼得太紧，别人反而会一口回绝你的请求。只有耐心等待，才会有成功的喜讯来临。

某中小企业的董事长长期承包那些大电器公司的工程，对这些公司的重要人物常施以小恩小惠，这位董事长的交际方式与一般企业家的交际方式的不同之处是：不仅奉承公司的重要领导，对年轻的职员也殷勤款待。

谁都知道，这位董事长并非无的放矢。

事前，他总是想方设法将电器公司中各员工的学历、人际关系、工作能力和业绩，做一次全面的调查和了解，认为这个人大有可为，以后会成为该公司的要员时，不管他有多年轻，都尽心款待。这位董事长这样做的目的是为日后获得更多的利益做准备。

这位董事长明白，十个欠他人情债的人当中，有九个会给他带来意想不到的收益。他现在做的“亏本”生意，日后会利滚利的收回。

所以，当自己所看中的某位年轻职员晋升为主管时，他会立即跑去庆祝，赠送礼物，同时还邀请他到高级餐馆用餐。年轻的主管很少去过这类场所，因此对他的这种盛情款待自然倍加感动，心想：我从前从未给过这位董事长任何好处，并且现在也没有掌握重大交易决策权，这位董事长真是位大好人！无形之中，这位年轻主管自然产生了感恩图报的意识。

正在受宠若惊之际，这位董事长却说：“我们企业能有今日，完全是靠贵企业的抬举，因此，我向你这位优秀的职员表示谢意，也是应该的。”这样说的用意，是不想让这位职员有心理负担。

这样，当有朝一日这些职员晋升至副经理、经理等要职时，还会记着这位董事长的恩惠。因此在生意竞争十分激烈的时期，许多承包商倒闭的倒闭，破产的破产，而这位董事长的公司却仍旧生意兴隆，其原因是由于他平时注重人际关系的投资的结果。

综观这位董事长“放长线”的手腕，确有他“老姜”的“辣味”。这也揭示求人交友要有长远眼光，尽量少做临时抱佛脚的买卖，而要注意有目标的长期“感情投资”。同时，放长线钓大鱼，必须慧眼识英雄，才不至于将心血枉费在那些中看不中用的庸人身上。

◎ 让别人欠你的人情

如何让别人心甘情愿地帮助你？这是摆在每个人面前的问题。

俗话说："投之以桃，报之以李。"在商业社会里，人们都希望得到立竿见影的效果，否则就不愿付出。即便是朋友之间，要别人主动帮忙也很勉强。这在人与人之间的交往中表现得十分突出。

在求人办事时，别人未必情愿为你白忙活，他希望你也能帮他做些事情，有的甚至希望在他为你办成事之前你得先帮他办成。如果了解对方的这种心理，主动地满足他的欲望他就会主动帮助你。

商业社会主要建立在交换关系上，人与人之间有来才有往。你帮人家办事，他欠你一个人情，日后你有事求他，他才会反过来帮你办事。天下没有免费的午餐，要想办成事，必须事换事，先让别人欠你人情。当你有事求人时，自然好开口。如果事先没基础，贸然开口去求人办事，对方即便答应也是很勉强。如果拒绝，那更是自讨没趣。

从现在就开始行动，先从你身边的人开始，把帮助别人当成一种习惯，乐于帮助人。看看有哪些人需要你的帮助，然后主动出击。别人欠了你的人情，一旦你有需要帮助的时候，别人就会主动来帮助你。

换一个角度来看，主动帮助别人，就类似于你在往银行里存款，存得越多，存得越久，利息越多。你送别人一个人情，对方便欠了你一个人情，大部分的时候他是会回报的，因为这是人之常情。有人会觉得，这样一来一往，仿佛商品交易。其实不尽然，人情债的偿还，不是现场的交易，钱物两清，那样太没人情味了。

每个人都有遇到困窘的时候，就是名人也不例外。

著名作家钱钟书先生一生过得比较平和，但在写《围城》的时候，也窘迫过一阵。辞退保姆后，由夫人杨绛操持家务，所谓“卷袖围裙为口忙”。那时他的学术文稿没人买，于是他写小说的动机里就多少掺进了挣钱养家的成分。一天500字的精工细作，却又绝对不是商业性的写作速度。恰巧这时黄佐临导演准备上演杨绛的四幕喜剧《称心如意》和五幕喜剧《弄假成真》，并及时支付了酬金，才使钱家渡过了难关。时隔多年，黄佐临导演之女黄蜀芹之所以独得钱钟书亲允，开拍电视连续剧《围城》，实因她怀揣着父亲的一封亲笔信的缘故。钱钟书是个别人为他做了事他一辈子都记着的人，黄佐临40多年前的义助，钱钟书多年后还报。

有道是“在家靠父母，出门靠朋友”，多帮一个人自己就多一条路。要想人爱己，己须先爱人。做人当时刻存有乐善好施、成人之美的心态，才能为自己多储存些人情的债权。这就如同一个人为防不测，需养成储蓄的习惯，这甚至会让子孙后代得到好处。黄佐临导演在当时不会想得那么远、那么功利。但后世之事却给了他作为好施之人一个不小的回报。

当然，主动帮助别人也是有讲究的，那就是“给人好处切莫自居”。别人有困难时，主动地伸出援助之手，会使他备感温暖。而有时候恰如其分地请求对方帮助，还会加深相互之间的友情。人的性格虽然不同，有宽容的、吝啬的、豪爽的、狭隘的，但是，给人一种小恩惠，人人都很乐意；而对于那些自称不愿求人的人，反而是人人都不喜爱。

为别人做了事，送了人情，等到大功告成后，却自吹自擂，把简单的说成复杂的，小事说成大事，生怕人家忘了。没有人会因为你不说，就会忘记你送的人情，多说反而无益。人家可能尽快地还你一个人情，之后会敬而远之，即使你再有能耐，别人亦会另请高明。所以，做足了人情，给足了面子，你不要夸大其词，最好不夸功，甚至不承认。不承认，只是你不认，并不等于对方不清楚。

人情世故的微妙有时候很耐人寻味。帮助别人的良好初衷，有时并不能带来良好的结果。有这样一则故事，具有很好的启发作用：

在一个大雪天，一个贫穷的农夫去向村里的首富借钱。恰好那天首富兴致很高，便爽快地答应借给他银子，末了还大方地说：“拿去用吧，不用还了！”农夫接过钱，小心翼翼地包好，就急匆匆地往家里赶。首富冲他的背影又喊了一遍：“不用还了！”

第二天大清早，首富打开院门，发现自家院内的积雪已被人扫过，连屋瓦也扫得干干净净。他让人在村里打听后，得知这事是农夫干的。这使首富明白了：给别人一份施舍，只能将别人变成乞丐。于是他前去让农夫写了一份借契。

农夫用扫雪的行动来维护自己的尊严，而首富让他写借契极大地成全了他的尊严。在首富眼里，世上无乞丐；在农夫心中，自己何曾是乞丐？把“施恩”变成了“施舍”，一字之差，高低立见，效果大大不同。

生活中经常有这样的人，帮了别人的忙，就觉得有恩于人，于是心怀一种优越感，高高在上，不可一世。这种态度是很危险的，常常会引发负面的后果，也就是：帮了别人的忙，却没有增加自己“人情账户的收入”，正是因为这种骄傲的态度，把这笔账抵消了。

帮忙时应该注意下列事项：

不要使对方觉得接受你的帮助是一种负担。

要做得自然，也就是说在当时对方或许无法强烈地感受到，但是时间越久越能察觉出你对他的关心，能够做到这一步是最理想的。

帮忙时要高高兴兴，不可以心不甘情不愿的。

如果对方也是一个能为别人考虑的人，你为他帮忙的种种好处，绝不会像射出去的子弹似的一去不回，他一定会用别的方式来回报你。对于这种知恩图报的人，应该经常给他些帮助。

总之，人情就是财富，求别人帮忙是被动的，可是如果对方欠了你的人情，你就占据了主动。即便事情他办起来很困难，他也会心甘情愿地努力帮你的忙。

其实，仔细看看周围，你就能发现：成功的生意人都善于让别人欠自己人情，他乐于帮助别人，他善于帮助别人，他习惯于帮助别人，一旦他有需求的时候，别人自然会来帮助他。

◎ 尽量避免欠别人人情

人情是必须回报的，但是，如何回报，何时回报，回报的代价是多大，却从来没有什么规定。如果你欠了小情，却还了大的，岂不吃亏？如果你欠时间久了，还不了了，成了负担，岂不糟糕？

所以，你既要学会做人情，又要努力使自己避免欠下别人的人情。

人与人之间交往，送点礼物，都挺正常，带有明显功利目的的朋友，是可以看得出来的。假如一个并不经常见面的朋友，带的礼物超出平时的价值，那必然有他来的目的。

中国人讲面子，带来的东西你不收，他觉得你不给面子，你再让他带回去，更是有损尊严了，所以，你也不能太驳人家的面子。盛情难却，你可以暂时收下，但你必须将这个人情送回去，你要带着礼物去回访他，这样也不会伤了和气。

朋友请你办事还可能先请你吃饭，东西送到门，你不能不给面子，吃饭却得预约，这就让你有许多理由去推脱，但脑子要转得快些，推辞讲得委婉些。

脑子转得快些，知道对方是谁，要弄清关系网，搞清朋友圈，然后，再想想该接受还是推掉。其中，重要的是要搞清朋友请你办事的性质，如果涉及违法的事，必须毫不犹疑地推掉，并对朋友晓以利害，这才是对他负责的态度。在原则面前，是没有什么面子可讲的。如果是非原则问题，你不想做，当然也可推掉。

推辞委婉些，打算推掉，就不能实话实说，一定要编一个委婉的理由，不可以用“我太忙”“我分不开身”之类的话搪塞，要说得诚恳些，让朋友听出你确实有不得已的苦衷。

避免人情债，要有自知之明。自己应该是最了解自己的，能吃几碗饭，能干多少事。然而，中国人的面子害死人，有的人就爱打肿脸充胖子，自认为自己特能干，别人一提请求，马上就拍胸脯，包在自己身上。更有甚者，明知自己办不成，也要硬往自己身上揽。

所以，千万别逞强，说不定你还会将事情搞砸，办不成的事，要老实地说，没什么不好意思的。办不了的事就是办不了，朋友之所以来找你，就因为他也办不成，别为你帮不上朋友的忙而不好意思，与其搞砸一件事，还不如让朋友另请高明。

避免人情债，还要学会自省。一个阶段过后，你要反思一下，你做的事是否合理，该给对方办的事做了没有，答应的诺言是否忘了，欠他的人情是否补上了。不自省，就会忽略朋友。善于交友的人，朋友往往很多，不见得许多事都想得清清楚楚，但忽略朋友是件挺危险的事情，人家会以为你不重视他。

有人结婚，忘了给一位朋友送请柬，等到他再碰到这位朋友，跟他热情打招呼时，总觉得朋友对他有些不对劲的地方，他很纳闷，回去后仔细一想，才恍然大悟，于是赶快带上礼物，叫上新娘，到对方家拜访，这才化干戈为玉帛。

每个人都会认为自己很重要，也会认为在朋友心目中亦很重要，在这种自我优先论的支配下，忽略了朋友，他会有想法，认为你是不是对他有意见，等等。所以，为避免友情遗忘，应习惯定期自省，同遗忘努力做斗争，将有关事宜做记录，以提醒自己。

◎ 做人情就得做足

人与人交往，能达到莫逆之交，或可以深交的人还是少数，大部分的人不可能深交，与他们之间的情谊是要用人情来维系的。如果和他们之间没有人情往来，友谊就会淡漠，甚至消失。

人情是中国人维系群体的最佳手段和人际交往的主要工具。如果你以为好心都有好报，人情必能换来交情，就未免太过迂腐了。有人为朋友两肋插刀，最后却落得骂名、倾家荡产或反目成仇的事并不少见。

当然，做人情做出祸事来的，只是极少数，但人情白做了，弄得双方都不愉快的事，随时可能发生。所以，人情要做，但事前要权衡利弊，对自己有害的事情尽可能不要做，有弊的少做。朋友的人情，不但要做，而且一定要做足。

做足包含两个含义：一是要做完；二是要做充分。

如果你的一个朋友求你办什么事，你满口答应“没问题”。但隔了几天，你给他一个半零不落的结果，对方虽然口头上不说什么，但心里肯定会说：“这哥儿们，真不够意思，做就做完，做一半还不如不做，帮倒忙。”

做人情只做一半，叫帮倒忙，越帮越忙，非但如此，还会影响信任度。说话不算数的人，谁都不愿意结交。人情做一半，叫出力不讨好。

人情做足，就是不仅要做完，还要做好，做得漂亮。如果你答应帮别人办某件事，就要尽心去做，不能做得勉勉强强。如果做得太勉强了，即使事情成了，你的态度也会让对方在感情上受到伤害。

比如，你买了一本好书，朋友来借，你先说：“我刚买的，还没看完呢，你想看就先拿去吧。”

其实前面的废话又何必说呢？最后的结果是借给人家了，你不说也是借，说了还是借，与其说些废话还不如痛痛快快借给他。书总是你的，还回来你尽可以看一辈子，何不把人情做圆满呢？

应牢记：人情要做足。人情做足了自然会赢得朋友的万分感激，让对方记挂你一辈子。

唐朝皇帝李隆基亲自为他手下的一个将领煎药，在燃火时，烧着了胡须，当侍从们赶来时，他莞尔一笑，说：“但愿他喝了这药病就好了，胡须有什么可惜的呢？”

一个皇帝为他的手下亲自煎药，这真是天大的人情，把人情做得如此之足，怎不叫属下以死相报呢？人情的杀伤力可谓很大。把人情做足，好人做到底，你就要想朋友之所想，急朋友之所急。在朋友最困难、最需要帮助的时候，给朋友一个人情，杀伤力更大。

三国争霸之前，周瑜在袁术手下为官，做一个小县的县令。这时候地方上发生了饥荒，百姓没有粮食吃，活活饿死了不少人，士兵们也饿得失去了战斗力。周瑜作为父母官，看到这悲惨情形急得心慌意乱，不知如何为好。周瑜听说附近有个乐善好施的财主鲁肃，就登门借粮。两人寒暄一阵，周瑜就直接说："不瞒老兄，小弟此次造访，是想借点粮食。"鲁肃听后哈哈大笑："此乃区区小事，我答应就是。"

鲁肃亲自带周瑜去查看粮仓，这时鲁家存有两仓粮食，鲁肃痛快地说："也别提什么借不借的，我把其中一仓送你好了。"周瑜和手下一听他如此大方，都愣住了，要知道，在饥荒之年，粮食就是生命啊！鲁肃可谓送了周瑜一个大人情。鲁肃做足了人情，和周瑜成了好朋友。后来周瑜当上了将军，他牢记鲁肃的恩德，将他推荐给孙权，鲁肃终于得到了自己大展宏图的机会。

做足人情，还有一个意思，就是你欠了朋友的人情，还的时候，要还足，甚至还更多。你的人情大于他的，他就得记着新的人情，朋友之间的账，永远也算不清，从某种意义上讲，这种算不清的账，无疑成了与朋友之间联系的一种纽带。

朋友之间的情谊，是用人情维系的，所以在做人情方面，你一定要看得开，决定去做的人情，一定要做足，做足人情并非自己自作多情、"一个愿打，一个愿挨"，而是"放长线钓大鱼"。人情做足了，才具有杀伤力，才能把想办的事办好。

◎ 冷庙烧香佛更灵

年轻的浙江商人刘易强在他成功的道路上经常得到贵人朋友的相助，而他的这些贵人朋友都是以前很普通的人。别人向他取经，他一语道破天机：“处朋友如求神，冷庙烧香佛更灵”。

李龙是某县一个很有名气的生意人，手下有几间木材加工厂，资金雄厚，在本地也算是个小富豪了。除此之外，他爱交朋友也是出了名的，上到县长，下至平头百姓，小小的县城里，可能有一半人都是他的朋友。李龙交朋友也不像别人那样只顾着往上交，而是不分高低一起交，用他的话说就是“冷庙、热庙一起烧香”。比如，县林业站的老李，在林业站熬了9年，还是个副站长，看来很难有出头之日。但李龙却不嫌“庙”冷，逢年过节总要去送点礼物，路上见了面大老远地就开始打招呼，老李找他去喝酒，李龙也从不推辞，一来二去两人倒成了无话不谈的好朋友。第二年年初时，老李居然来了个大翻身，被调到县委农林办当了主任。正在这时，上面批给了该县1000立方米的采伐指标，这下老李的“冷庙”变成了炙手可热的“热庙”，各路人马排着队去求老李。李龙也看上了这个买卖，找到老李一说，老李马上就答应卖给李龙270立方米，而且还允许他先挑，结果李龙又大赚了一笔。

多个朋友多条“路”，李龙就因为不嫌弃落难朋友，因而给自己打开了一条“路”。交朋友要广，眼睛不能只盯着炙手可热的权势人物，“冷庙也得多烧香”，这样办起事来你的路子才会四通八达。

其实不止是庙有冷热之分，人又何尝不是？一个人是否能发达，要靠机遇。你的朋友当中，有没有怀才不遇的人，如果有，这个朋友就是“冷庙”。你应该与“热庙”一样看待，时常去“烧香”，每逢佳节，送些礼物。为求实惠，有时甚至可以送些钱，请他自己买实用的东西。又因为他是穷人，当然不会有礼尚往来的习惯，并非他不知道还礼，而是无力还礼，这是他欠的人情债，人情债越欠越多，他想还的心便越急切。所以日后他否极泰来，他第一要还的人情债当然是你。他有清偿的能力时，即使你不去请求，他也会自动还你。

有的人能力虽然很平庸，然而因为时运通达，也会成为炙手可热的人物。人在得意的时候，一切就看得很平常，很容易，这是因为自负的缘故。如果你的境遇地位与他相差不多，交往当然无所谓得失。但如果你的境遇地位不及他，往来多时，反而会有趋炎附势的错觉。即使你极力结交，多方效劳，而在对方看来很平常，彼此感情不会有多少增进。只在对方遭遇逆境，以前交往甚密，再次见面不认识；以前车水马龙，今则门可罗雀；以前一言九鼎，今则哀告不灵；以前无往不利，今则处处不顺，他的繁华梦醒了，对人的认识，也比较清楚了。

如果你认为对方是个英雄，就该及时结交，多多交往，或者趁机加以忠告，指出其所有的缺失，勉励其改过。如果自己有能力，更应给予适当的协助，甚至给予物质上的救济。而物质上的救济，不要等他开口，应随时采取主动。有时对方很急着要，又不肯对你明言，或故意表示无此急需。你如得知情形，更应尽力帮忙，并且不能有丝毫得意的样子，一面使他感觉受之有愧，一面又使他对你有知己之感。寸金之遇，一饭之恩，可以使他终生铭记。日后如有所需，他必然全力回报。即使你无所需，他一朝否极泰来，也绝不会忘了你这个知己。

正所谓："人情冷暖，世态炎凉。"趁自己有能力时，多结交些潦倒英雄，使之能为己用，这样自己的发展才会无穷。对朋友的投资，最忌讳的是讲功利，因为这样便成了一种买卖，说难听点便是种贿赂。如果对方是讲骨气之人，更会感到不高兴，即使勉强接受，也不以为然。日后就算回报，也是半斤还八两，没什么好处可言。

平时不屑往"冷庙上香"，临到头再来"抱佛脚"也来不及了。一般人总以为"冷庙的菩萨不灵，所以才成为冷庙"。其实英雄落难，壮士潦倒，都是常见的事。只要一朝风云际会，仍是会一飞冲天、一鸣惊人的。从现在起，多注意一下你周围的朋友，若有值得"上香的冷庙"，不妨在无事时"多烧两炷香"，在你有事相求时，"庙里的菩萨"肯定对你有求必应的。

◎ 给别人想要的东西

每个人都有自己潜在的需求，如果你给对方他想要的东西，就更容易维系双方的友谊。这就如同在商业交易上一样，你给对方想要的，他才能给你想要的。

英国的政治家阿瑟·鲍尔弗在第一次世界大战后去美国的时候，也曾采取了这种方法来表示自己的友好。他在大庭广众之下称颂美国的发达，称颂着美国人民，赞美美国的天气；他常常把民主挂在嘴边，并且常常说一些笑话；出门时驾驶着一辆自由式汽车，以表明他是信奉民主主义的；他也像威尔逊一样，说他喜欢看侦探小说；在集会中，他的演说从一开始就告诉听众，他与他们一样，是自由集会中的一员。显而易见，阿瑟·鲍尔弗在美国各处都受到了欢迎。

威廉·里格里如今已经是一个拥有数千万家产的大实业家了，然而当他刚开始做推销员的时候，他也采用这种策略去从事他毕生的事业。他在最近曾经这样讲过：“无论我到什么地方去推销货物，我必定会先打听一下这个地方的一些风土人情和人们的生活习惯，并用他们的本地话去和那些生意人交谈。”

比如，当他向加拿大人推销肥皂的时候，他每跑到一家商店里去，总会拍着他的箱子说道：Jovan Min-era。这是他所知道的关于这种矿质肥皂的唯一的法文了。说了这个字以后，他就接着说起了英语。但是这简单的两个字居然也产生了巨大的效力，那些生意人都因为听到了他们自己的家乡话而很高兴。这种微小的细节，其他的推销员就很少能够有意识地去运用。

给朋友想要的东西，就要了解对方最需要什么，最在乎什么。每个人都会因其个性、环境的不同，有着各种不同的欲望、偏好。这个欲望、偏好也就构成了他的心灵缺口，心灵缺口是最容易被攻破的壁垒。只要抓住一个人的心灵缺口，就能够找到打动这个人的办法。

纽约某大银行的理查斯·威尔斯奉上司指示，秘密进入某家企业进行信用调查。正巧威尔斯认识另一家大企业的董事长，这位董事长很清楚该企业的行政情形，威尔斯便亲自登门拜访。

当他进入董事长室，才坐定不久，女秘书便从门口探头进来对董事长说：“很抱歉，今天我没有邮票拿给您。”

“我那12岁的儿子正在收集邮票，所以……”董事长不好意思地向威尔斯解释。

接着威尔斯便开门见山地说明来意。可是董事长却故意含糊其辞，一直不愿做出正面回答。威尔斯见此情景，只好知趣地匆匆离去，没得到一点收获。

不久，威尔斯突然想起那位女秘书向董事长说的话，邮票和12

岁的儿子。同时，也联想到他服务的银行的国外科，每天都有许多来自世界各地的信件，有许多国家的邮票。

第二天下午，威尔斯又去找那位董事长，告诉他是专程替他儿子送邮票来的。董事长热诚地接待了他。威尔斯把邮票交给他，他面露微笑，双手接邮票，就像得到稀世珍宝似地自言自语："我儿子一定高兴得不得了。多有价值！"

董事长和威尔斯谈了40分钟有关集邮的事情，又让威尔斯看他儿子的照片。一会儿，没等威尔斯开口，他就自动说出了威尔斯想要了解的内幕消息，足足说了一个钟头。他不但把所知道的消息告诉了威尔斯，又召回部下问，还打电话请教朋友。威尔斯没想到区区几十张邮票竟让他圆满完成了任务。

了解他人最想要的东西，知道他人最在乎什么，并且把他最需要、最在乎的东西提供给他，会使他产生极大的满足感。同时也会感到脸上极有光彩。一个人在一定时期内，对某件东西可能很在乎，这时只要提供给他这件东西，他就会对你无比感激和赏识。

从这里可以看出，提供给一个人最在乎的东西是多么有效、多么神奇，这种效果是提供其他东西所远远不能比拟的。

或许有人会问，你知道别人需要什么就给他什么，就满足他什么，但究竟应该怎样才能知道别人的需要呢？这问题说穿了并不难，其实只要你用心就会发现，人们总是会向别人提到自己的需要，并且常常是话里有话暗示出来，虽然那似乎是多么幼稚、荒唐。不错，你注意的当然是自己本身的需要，其他人也和你一样，只注意自己的需要，而忽视了别人那话中有话的深意。因此，注意到别人的需要，并且让他们知道你也知道了就更好了。

一位美籍华裔朋友这样说道："夏天的时候，我常到缅因州一带钓鱼。我个人很喜欢吃鲜奶油草莓，但是，为了某种奇怪的理由，我想鱼儿宁愿吃虫。所以，当我钓鱼的时候，我想的不是自己要的，而是鱼儿要什么。我没有用鲜奶油草莓当钓饵，而是用虫或蚱蜢，然后我便可以向鱼儿说，'你们要不要尝尝看？'当然它们不会回答。"

美国最有影响力的演说人和最受欢迎的商业广播讲座撰稿人斯托·凯文博士与人力资源顾问、训导专家迈克尔·考那博士在他们合作的《白金法则》中，向人们展示了一项最新的研究成果："白金法则"——"别人希望你怎么对待他们，你就怎么对待他们"。

凯文指出"你希望朋友怎么待你，你就怎么待对方"是一条"黄金定律"。"白金法则"是在本着尊重"黄金定律"的主旨的原则下，对这一古老的信条进行修正。对于21世纪的生意人来说，要使自己与企业立于不败之地，或有助于改善人际关系，其关键和诀窍就在于遵循"白金法则"——"朋友希望你怎么对待他们，你就怎么对待他们"。

简单地说，就是学会真正了解别人，然后以他们认为最好的方式来对待他们，而不是你中意的方式。这一点意味着要善于花些时间去观察和分析你身边的人，然后调整你自己的行为，以便让他们觉得更称心和自在。它还意味着要运用你的知识和才能去使别人过得轻松、舒畅，这才是"黄金定律"的精髓所在。所以，"白金法则"并不是游离于"黄金定律"之外独树一帜的东西，相反，你可以称它为后者的一个更新的、更富有人情味的版本。与"黄金定律”相比，“白金法则”更进了一步。

在今天高度竞争和变化无常的环境里，以你一厢情愿的方式去对待别人显然是远远不够的。你还不得不去了解他们的需求，而且有能力满足他们物质和精神的需求才行。你的成功很大程度上取决于你如何应对他们的个人需求。

现代生意人必须有能力根据不同人的个性品格类型的特征，用“白金法则”去相应地迎合不同类型的不同需求，投其所好，在双赢策略中获得最大的成功。

“白金法则”在处理朋友关系的问题上能助你一臂之力，这其中包括：

1.准确判断对方的品格类型；

2.预见对方的行为，从而你可以预先调整自己的行为来顺应他，以取得尽可能好的结果；

3.把有亲和力、有合作潜力的人聚在一起，形成有效率的工作团队，稳定的员工队伍，出色的公司与组织形成利益共同体；

4.投其所好（对症下药），即运用“白金法则”与人打好交道；

5.化解冲突和矛盾，从而激发工作热情，提高员工的能力，增强企业效能。

亨利·福特为人际关系艺术所提出的忠告是：“成功的人际关系在于你能捕捉到对方观点的能力；还有，看一件事须兼顾你和对方的不同角度。”这个道理十分简单明了，每个人应该都能一眼看出。但是，这世界仍有90%的人在90%的时间里忽视其重要性。

如果你今天寄一封信给某企业，希望他能够合作，信中一开始提及的都是自己想要的是什么，自己在合作后能够怎么做，最后才提及合作后可能会给对方带来什么样的利益，那么，收到这封信的企业会有什么样的态度想必不难猜测吧。

若能够提及别人的需求，采取别人方便的合作方式，并且说明合作后对方能获取什么好处，考虑到这些后可能连自己能得到的利益也不用提及，对方就会跟你进一步交谈了！切记，从内心里讲，别人关心自己的事胜过关心你的事百倍。

◎ 感情投资要注意适度

叔本华曾经讲过一个“豪猪哲学”：一群豪猪在寒冷的冬天相互接近，为的是通过彼此的体温取暖以避免冻死，可是很快它们就被彼此身上的硬刺刺痛，相互分开，可是因为取暖的需要又使它们靠近，于是又重复了第一次的痛苦，以至于它们在两种痛苦之间转来转去，直到它们发现一种适当的距离使它们能够保持互相取暖而又不被刺伤为止。人与人之间的交往同样也是如此，也应有一定的距离。

人与人之间的交往本质上是一种社会交换，这种交换和市场上的商品交换所遵循的原则是一样的，即人们都希望在交往中得到的不少于所付出的。其实岂止是得到的不能少于付出的，如果得到的大于付出的，也会令人心理失去平衡。

人际交往要有所保留，不要以为自己全心全意为对方做事一定会关系融洽、密切。事实上并非如此。因为人不能一味接受别人的付出，否则心里会感到不平衡。“滴水之恩，当涌泉相报”，这也是为了使关系平衡的一种做法。如果好事一次做尽，使人感到无法回报或没有机会回报的时候，愧疚感就会让受惠的一方选择疏远。留有余地，好事不应一次做尽，这也许是平衡人际关系的重要准则。

留有余地，适当地保持距离，因为彼此的心灵都需要一点空间。如果你想帮助别人，而且想和别人维持长久的关系，那么不妨适当地给别人一个机会，让别人有所回报，不至于因为内心的压力而疏远了双方的关系。而“过度投资”，不给别人喘息的机会，就会让其心灵窒息。留有余地，彼此才能自由畅快地呼吸。

◎ 交朋友不要太计较

人与人之间怎样相处是一门很深的学问，有的人甚至用毕生的精力也没能研究透彻。多少人试图领悟到友谊的真谛，希望能拥有一段真挚的友谊。然而人与人相处的复杂性，使人们不可能在有限的时间内洞悉其全部的内容。但人对于朋友之情的理解和感悟又总是局限在某一事情的启迪上，比如，处朋友不要太计较，便是其一。

“水至清则无鱼，人至察则无徒”，太计较了，就会对什么都看不惯，连一个朋友都容不下，把自己同社会隔绝开。镜子很平，但在高倍放大镜下，就成了凹凸不平的山峦；肉眼看很干净的东西，拿到显微镜下，看到的都是细菌。试想，如果你“戴”着放大镜、显微镜生活，恐怕连饭都不敢吃了。再用放大镜去看朋友的毛病，恐怕许多人都会被看成罪不可恕、无可救药的了。

人非圣贤，孰能无过。与人相处就要互相谅解，经常以“难得糊涂”自勉，求大同存小异，有胆量，能容人，你就会有许多朋友，且左右逢源，诸事遂愿；相反，过分挑剔，明察秋毫，眼里揉不得半粒沙子，什么鸡毛蒜皮的小事都要论个是非曲直，容不得人，人家也会躲你远远的，最后，你只能关起门来当“孤家寡人”，成为使人避之唯恐不及的异己之徒。古今中外，凡是能成大事的人都具有一种优秀的品质，就是能容人所不能容，忍人所不能忍，善于求大同存小异，团结大多数人。他们具有宽阔的胸怀，豁达而不拘小节；大处着眼而不会鼠目寸光；从不斤斤计较，纠缠于琐事，所以他们才能成大事、立大业，使自己成为不平凡的人。

但是，如果要求一个人真正做到不计较、能容人，也不是简单的事。首先，需要有良好的修养、善解人意的思维方法，并且需要经常从对方的角度设身处地的考虑和处理问题。多一些体谅和理解，就会多一些宽容，多一些和谐，多一些友谊。比如，有些人一旦做了官，便容不得下属出半点过错，动辄横眉立目，发怒斥责，属下畏之如虎，时间久了，必积怨成仇。许多工作并不是你一个人所能包揽的，何必因一点点过错便与人怄气呢？如果换个角度站在挨训人的立场去想，也许就会了解这种急躁情绪之弊端了。

有位朋友总抱怨他们家附近小店卖酱油的售货员态度不好，像谁欠了她巨款似的。后来朋友的妻子打听到了女售货员的身世，她丈夫有外遇离了婚，老母亲瘫痪在床，上小学的女儿患有哮喘病，每月只能开四五百元工资，一家人住在一间15平方米的平房。难怪她一天到晚愁眉不展。这位朋友从此再不计较她的态度了，甚至还建议大家都帮她一把，为她做些力所能及的事。

在公共场所遇到不顺心的事，实在不值得生气。有时朋友冒犯你，其中肯定是另有原因，不知哪些烦心事使他此时情绪恶劣，行为失控，正巧让你赶上了，只要不是恶语伤人、侮辱人格，你就应宽大为怀，不以为然，或以柔克刚，晓之以理。总之，没有必要与朋友瞪着眼睛较劲。假如较起真来，大动肝火，刀对刀地干起来，再酿出个什么严重后果来，那就太划不来了。与朋友如此，实在不是聪明人做的事。

交朋友不要太计较。否则，会让对方感觉是带着枷锁过日子，进而对你产生厌倦，到那时，你们的友谊就要亮“红灯”了。

◎ 交朋友不要怕吃亏

长期以来，人们最忌讳将朋友间的交往和交换联系起来，认为一谈交换，就很庸俗，或是认为这是亵渎了人与人之间真挚的感情。但实际上朋友间你来我往，无论从情感上讲还是从物质上讲，彼此交流都不乏交换的味道。既然是交换就涉及利益的多寡，因此生意人在与朋友的交往中必须注意：交朋友不同于做生意，要让别人觉得与你的交往值得。

与朋友交往，情愿自己吃点亏是一个很好的交际方法。不管是吃大亏，还是吃小亏，只要能对搞好朋友关系有帮助，你就要尽力“吃下去”，不能皱眉。尤其是大亏，有时更是一本万利的事。

当然交友吃亏也必须讲究方式和技巧。

交朋友吃亏要吃在明处，否则就是白吃。有的人为了息事宁人，往往去吃暗亏，结果是“哑巴吃黄连，有苦难言”。

三国时期的孙权就是这样，为了能得回荆州，假意将自己的妹妹嫁给刘备，结果在诸葛亮的巧妙安排下，孙权不仅赔了妹妹，还折了兵。荆州还是在人家手中，这个亏未免吃得太不值了。

你吃亏时，至少要让对方明白，让对方意识到，你吃亏是为了帮助他。

俗话说“吃亏是福”，是很有道理的。因为吃亏，你就成了施者，朋友则成了受者，看上去是你吃了亏，他得了益。然而，朋友却欠了你一个情，在友谊、情谊的天平上，你已为自己加了一个砝码，这是比金钱、比财富更值得珍视的东西。

吃亏，会让你在朋友眼里变得豁达、宽厚，让你获得更深的友谊。这当然会使朋友更心甘情愿地帮助你，为你办事。

在现代社会，会吃亏的人实际并不会吃亏。你不吃点亏，朋友怎么会替你办事呢?

陈嚣与纪伯为邻，一天夜里，纪伯偷偷地将隔开两家的竹篱笆，向陈家移了一点，以便让自己的院子宽一点，恰好被陈嚣看到了。纪伯走后，陈嚣将篱笆又往自己这边移了一丈，使纪伯的院子更宽敞了。纪伯发现后，很是愧疚，不但还了侵占陈家的地方，还将篱笆往自己这边移了一丈。

陈嚣的主动吃亏，让纪伯感到相当内疚，他感觉自己是“以小人之心度君子之腹”，这就欠下了陈嚣一个人情，即便他还了这个人情，但是每当他想起时，他还是会内疚，还是会想法报答纪伯。

《菜根谭》上说：“人之短处，要曲为弥逢；如暴而扬之，是以短攻短。”

意思是：别人有缺点或过失，要婉转地为他掩饰或规劝他，假如去揭发传扬，就是用自己的短处来攻击别人的短处，到时肯定对自己没有什么好处。

所以，有时主动吃亏是要为别人文过饰非，既让他觉得欠你的人情，又让他知道自己做错了。

战国时，梁国与楚国相邻，两国在边境上各设界亭，亭卒们也都在各自的地里种了西瓜。

梁国的亭卒勤劳，锄草浇水，瓜秧长势极好；而楚国的亭卒懒惰，西瓜秧自然长不好，与对面西瓜长势没法比。楚国的亭卒觉得失了面子，有一天夜里偷跑过去，把梁国亭卒的瓜身全给扯断了。梁国的亭卒第二天发现后气愤难平，报告给边县的县令宋就，并说："我们也过去把他们的瓜秧扯断好了！"

宋就说："这样做当然是很卑鄙的，我们明明不愿他们扯断我们的瓜秧，那么我们为什么再反过来扯断人家的瓜秧呢？别人不对，我们再跟着学，那就太狭隘了。你们听我的话，从今天起，每天晚上去给他们的瓜秧浇水，让他们瓜秧长得好起来，而且，你们这样做，他们一定会知道的。"

梁国的亭卒听了宋就的话后觉得有道理，于是就照办了。楚国的亭卒发现自己田里瓜秧的长势一天好似一天，仔细观察，发现每天早上瓜地都被人浇过，而且是梁国的亭卒在黑夜里悄悄为他们浇的。楚国的边县县令听到亭卒们的报告，感到十分惭愧，不由得非常敬佩梁国的亭卒，于是把这件事报告了楚王。楚王听说后，也感于梁国人修睦边邻的诚心，特备重礼送梁王，既表示自责，亦表达酬谢，结果这一对敌国成了友好的邻邦。

为别人文过饰非，实在是个搞好关系的好机会。当别人在众人或是你面前犯了错，你一定要抱着吃亏的心理，干脆给他个面子，帮他一把，千万别“暴而扬之”。

心理学家提醒：不要害怕吃亏。郑板桥“吃亏是福”的拓片为很多人所珍爱，然而真正领悟其中真谛的，恐怕为数不多。实际上，许多人在交往中都是唯恐自己吃亏，甚至总期待占到一点便宜。然而，吃亏是福确实有它的心理学依据。吃亏是一种明智的、积极的交往方式，在这种交往方式中，由吃亏所带来的福，其价值远远超过了所吃的亏。这有两个原因：

一方面，与别人交往中的吃亏会使自己觉得自己很大度、豪爽、有自我牺牲的精神、重感情、乐于助人等，从而提高了自己的精神境界。同时，这种强化也有利于增加自信和自我接受。这些心理上的收获，不付出是得不到的。

另一方面，天下没有白吃的亏。在朋友交往中都遵循着相类似的原则。你所给予对方的，会形成一种社会存储，而不会消失，一切终将以某种你常常意想不到的方式回报给你。而且，这种吃亏还会赢得朋友的尊重，反过来将增加你的自尊与自信。

姚崇是唐玄宗时期有名的宰相。在姚崇的朋友之中，有一位叫张宗全的秀才便是深谙做人、为友之道的高手，并因此受益。

姚崇年轻的时候和张宗全一起求学。一次，老师要姚崇与张宗全就某个题目做一篇文章，两天之后交卷。他们都精心做了准备，将自认为写得最好的一篇交了上来。事有凑巧，姚崇与张宗全所写的内容几乎完全一样，且观点也相当一致。这如何不使老师为之恼火？没想到自己门下最得意的两门生敢剽窃他人作品，这如何了得?

看到这种情况，姚崇据理力争，声明文章绝非剽窃。张宗全的作品也非剽窃他人，但为了平息老师的怒火，就对老师说："前两天与姚崇兄论及此题，姚兄高谈阔论，学生深感佩服遂引以为论。"

老师听到这番话，也知错怪了两位学生，就平息了心中怒火。事后姚崇心里为此深感佩服，为张宗全的广阔胸襟所感动。姚崇当宰相后，遂向唐玄宗推荐此人，唐玄宗在亲自考核张宗全的才华之后，便封了他一个正三品官衔。

由此可见，在一些无关紧要的场合中，自己吃些小亏，做些让步，看似糊涂，其实聪明。张宗全送个人情给对方，使姚崇一辈子都记住这个人情，最后张宗全反而获得了荣华富贵。

很显然，吃亏将带给你的是你意想不到的"财富"。而那些喜欢占便宜的人，每占别人一分便宜，就丧失一分人格的尊严，就少了一分自信，长此以往，必将在人际交往中找不到立足之地。

不怕吃亏的同时，你还应该注意，不要过多地付出。过多地付出，对于对方来说是一笔无法偿还的债，会给对方带来巨大的心理压力，使人觉得很累，导致心理天平的失衡，这同样会损害已经形成的人际关系。这种例子屡见不鲜，你常常会听人抱怨："我对他那么好，付出了那么多，为什么他反倒开始不喜欢我了？"殊不知，正是自己付出的太多，才损害了两个人的关系。对朋友不要怕吃亏。在平时，多吃点亏做友情的长线投资，那么将来的路会越走越宽。

CHAPTER 5

义与益不分家，朋友归朋友生意归生意

朋友归朋友，生意归生意。人与人之间无论多么亲密无间，同样也有利益之争的时候。面对利益纠纷，如何处理这些关系，对生意人来说是一种考验。处理得好，人财兼得；处理不好，人财均失。你自己不能做小人，但也不要期望别人都会做君子。与其事后闹矛盾，不如事前多分析，就是亲兄弟同样也要明算账。

◎ 朋友间同样有利益之争

有人说：“没有永恒的朋友，只有永恒的利益。”这句话乍听起来觉得没有道理，细想起来也有点理由。

每个人从儿时就交朋友，那时称为“小朋友”，为什么能够成为“小朋友”？就是你带他玩，他也带你玩，他把好吃的给你吃，你也把好吃的给他吃，他把他的小刀或铅笔借给你用，你也把你的东西借给他。虽然当时并不知道这里面有利益关系，但已经就是一种互惠互利的利益关系了。等到你们长大成人了，各干各的事，不在一起了，或者你是农民，他是干部，你们在利益关系上已经不存在了，或者很少，你们是否还是朋友呢？后来进中学、大学，你们也有许多朋友，毕业后各奔东西了，甚至有的恋人都劳燕分飞了，那时结识的朋友也随着时间与距离而渐渐淡化了，只能说你们曾经是同学，再见时也就那么一会儿的热情，握个手，吃顿饭，寒暄几句而已。

夫妻算不算朋友？子女算不算朋友？兄弟算不算朋友？应该

说算吧，因为不仅有利益关系，还有血缘关系。但为什么还会有夫妻、父子、兄弟反目的呢？究其原因就在利益上。兄弟间为了争夺遗产，父母不作为，儿子不努力，或某方过分伤害了对方的利益，都会成为反目的理由。有的人为了一己私利，认贼作父，出卖朋友就是理所当然的事了。如果你交上这样的朋友就是一辈子的遗憾！看来“没有永恒的朋友，只有永恒的利益”这句话的确有一定的道理。

那么，这个世界上是否就没有朋友了？有的都是利益关系的临时组合吗？实际上，朋友还是有的，朋友也不可能一点都不谈利益。

与朋友相处，在利益上无非是冲突和一致两个可选项。至于选哪一个，则要看你对朋友的态度了。

朋友之间多少都会面对利益的冲突，利益冲突往往可以显现一个人的本性。在利益冲突的前提下，商人用较少的利益换取一个好朋友是值得的；同样，用较大的利益放弃一个不合适的朋友也是值得的。

只有相同的利益，才能使双方的友谊持久。因此，你要尽量化解与朋友利益上的冲突，使自己和朋友有着共同的利益。

真正的朋友利益是看得很淡的。所谓管鲍分金、伯牙摔琴的故事，一是说朋友要是知音，能互相理解；二是说朋友要互相谦让，不因小利动摇大的理想。一个人首先带着个人利益的目的去交朋友，想必是不会交到真正的朋友的。朋友是奉献，不是索取；朋友是谦让，不是专横；朋友是仁慈，不是仇恨；朋友是雪里送炭，不是锦上添花；朋友是和风，是润物细无声的雨露，是和煦的阳光。

◎ 当你与朋友合作的时候

索尼公司有一个让人们传为美谈的故事。创始人井大深与盛田昭夫在长达51年的时间里，共同经营索尼。他们从青年时期一起走过困境，步入辉煌，进入垂暮，两个人始终保持着高度的默契。

有着“外胡内南”和谐搭档美称的南存辉和胡成中从小就是同班同学，胡成中比南存辉大两岁，南存辉是班长，胡成中是体育委员。毕业后，南存辉成了修鞋匠，胡成中做了裁缝。20世纪80年代后期，两人共同集资，创办乐清求精开关厂。由于经营得当，乐清求精开关厂生意红红火火。正是在他们合作的6年，成为了两个人各自事业的预演。两个人这一阶段最大的收获，一是积累了各自的第一桶金，创业6年赢利200万元；二是两个人都明白了今后应当怎样做。

在你与朋友合作的时候，利益关系处理得好，双方合作才默契。所以，要想事业之舟借合作之帆一路顺风，就得在以下几个方面加以注意。

1.沟通是合作的基础

沟通是合作的基础。一个商人必须懂得运用沟通的方法，以保证来自朋友的最大限度的合作。拒绝沟通也就意味着拒绝与别人合作。善于与人沟通的人，一定是善于与人合作的人；不善于与人沟通的人，也一定是不善于与人合作的人。善于与人沟通的商人，能用诚意换取朋友的支持与信任。许多有实力的人最终没能成就大事，往往正是因为他们不善沟通，不能最大限度地发挥合作伙伴的能力。

被誉为“用人之神”的日本松下电器公司前总裁松下幸之助认为，愿不愿与人合作是一个人具不具备管理者基本素质的问题，而善不善于与人合作则是管理者的能力水平问题。如果你想领导一个企业朝着明确的目标前进，就需要一支高效的队伍做后盾。心甘情愿的合作态度对企业的发展具有重要的影响。

以友善的姿态与朋友沟通，随时协调彼此的利益，使彼此有一种相互认同感，这是合作的基本保证。

2.绕开合作上的歧途

如今很多人不遵守道德规范，更有甚者把《孙子兵法》进行歪用，这些人一旦以“朋友”的面孔出现，是对朋友的亵渎，也在很大程度上容易欺骗人。商人如果误入圈套不深，或是发现了这一特殊情况，当立即刹车，终止与对方的联系。合作上的歧途是最容易造成利益纠纷的，商人此时不应匆忙做出合作决定。

情形一：在一个周末晚宴后，或在工作之余的闲聊中，某个“朋友”突然冒出了一个有关产品、服务方式或营销方式的新创意，在场的你兴许立刻被这个新设想吸引住了，双方都沉醉在对未来的幻想中，从而走到一起，办起了企业。但在以后的新事业中，发现自己仅是一个勉强加入的合伙人。

情形二：有一位聪明、精力充沛、未能从高中毕业的年轻人，在一次闲聊中构想出一种新跑鞋。你或许被这个独特的构想所吸引，筹集了20多万元，创办了一个企业，新鞋推向市场后，市场反响挺好。但在企业的进一步发展上却产生了矛盾。担任总经理的你希望扩大研究发展，以继续推出新设计的鞋，使企业真正立于不败之地，但投资的朋友希望扩大生产规模，以便可以马上大捞一笔，不愿意再冒风险。结果，你与朋友所定立的目标不一样，企业开始停滞，然后逐渐萎缩，最后没有获益。你这位总经理也就失去了地位，资本也泡汤了。

3.合作伙伴要相互尊重

国内知名企业家孙大午日前在北京因一只小小的塑料鞋套和生意合作伙伴反目。起因仅仅是他在生意伙伴家中做客时，认为主人为他提供塑料鞋套对其人格造成极大侮辱。

古语有云：道不同不相为谋。由于对一件小事存有理解上的分歧，竟也能导致生意合作伙伴反目，损失的数目恐怕不是一双塑料鞋套所能对比的。

主人肯定是尊重客人的，要不也不会热情邀请客人来家做客。主人认为客人进门换塑料鞋套在全北京都是这样，甚至不仅北京，其他地方都是这样。这是一种习惯，对谁都一样，这次自然也不例外。而客人的理解是，让自己换鞋套就是表示自己不卫生，就是对自己人格的侮辱，于是矛盾就出现了。

其实，每个人有每个人的生活习惯，每个人对生活的理解也不尽相同。要想和谐相处，关键是互相了解，相互尊重。其实，作为主人，不能将自己的习惯强加于客人的身上，既然邀请了客人，就应该了解客人的喜好（包括客人的经历、生活习惯以及敏感内容等）；既然邀请了客人，就应做好麻烦的打算（包括客人弄脏房间，离开后要打扫等）；发现了客人对安排不满意了，就应及时作些调整，而不应一意孤行。作为客人，应入乡随俗。国家尚如此，何况个人。尊重主人家的生活习惯，是作为客人对主人邀请的一种尊重。

分歧的背后实质是利己意识的高升，是方便他人思想的严重削弱。说穿了，两个人都为自己的利益考虑得多，没有为他人的方便和脸面着想。双方作为朋友，竟然为了一件小事而导致反目，且影响了合作，看起来似乎是件可笑的事。但透过现象，还看到了宽容因素的缺失，看到相互尊重实践的艰难跋涉。不管是谁，只要他不将“尊重”根植于心中，终将生出诸多不必要的事端。

相互尊重是合作的前提，现代市场经济就是相互尊重的经济。在现代社会中，自我利益追求的是自主主体之间的相互人格尊重，是社会生活得以进行的基本前提。在市场经济活动中，大量的日常交易活动，如果没有人格的互尊，就不能进行。商品的交易是在追求自我利益的人之间进行的等价交换活动。相互尊重的体现是对对方主体人的承认与尊重。在这个意义上，现代市场是一个讲究相互尊重的经济。相互尊重才是真正的生活之道，也是经济交易之道，任何人都不能置之度外。

4.双赢是继续合作的基础

双赢就是让双方都获利。朋友间更要达到双赢，这样的友谊才让人觉得值得而且才能长久地维持下去。

只有双赢，双方才愿意再继续合作，赢取更大的利益。只考虑自己一方的利益，对方就会因为你的自私，怀疑你的人品与信誉，并有可能受到经济上的损失，即使合作得很好，也可能是一锤子买卖，下次得赶快更换合作伙伴。

双赢的重要性在现代社会越来越明显。这就如：树上挂了一块肉，一个人太矮够不到，另一个人来了，两个人合作，一个人站到另一个人的肩膀上，很容易取到了肉。两个人都很需要这块肉，既然都付出了劳动，不可能让一个人独吞。公平的分法是双方各半块，但甲较大度，说："我只要三分之一。"你对别人大度，别人也会对你大度，虽然自私的人可能求之不得，欣然接受，但正好暴露了他卑劣的人品，这次得到的多一些，下次可能什么也得不到了。乙说："还是我要三分之一，你比我更需要。"甲说："时间还早，咱们再找找，看看其他的树上是否还挂了肉。"在两人的努力下，他们又找到三块肉，于是每个人分两块，欢天喜地地回家了。

激烈的竞争，需要真诚的合作，长久的合作需要双赢为保证，协作的任何一方，不赢反亏，就失去了继续合作的基础，那必然会陷入"你死我活"的恶圈中。

有这么一则寓言故事：

一只狮子和一只狼同时发现一只小鹿，于是商量好共同追捕那只小鹿。它们合作良好，当狼把小鹿扑倒，狮子便上前一口把小鹿咬死。但这时狮子起了贪心，不想和狼平分这只小鹿，于是想把狼也咬死，可是狼拼命反抗，后来狼虽然被狮子咬死，但狮子也深受重伤，无法享受美味了。

试想一下，如果狮子不如此贪心，而与狼共享那只小鹿，岂不就皆大欢喜了。

在商业利益上，讲究有钱大家赚，这次你赚，下次他赚，这次他多赚，下次你多赚。总而言之，双赢是一种良性的竞争，更适合现代社会的相互合作。

5.多与人商量好办事

每个人都具有或强或弱的逆反心理，尤其不愿意接受别人强硬的话。与朋友合作，要能够让对方心悦诚服地接受自己的观点和看法。

苦味的药丸大多裹着一层糖衣，使人先尝到甜味，容易一口吞到肚子里去。药物进入肠胃，药性发生效用，疾病也就好了。你在要求朋友做某件事时，与人好好商量，让人先尝一些甜头，然后，你再命令他做事，即使是朋友觉得委屈的事，朋友也会接受。

如果你要别人遵照你的意思去做事情，在说话语气上就要注意。

“你要这样做……”千万不可这么说，而要用商量的口气说“你看这样做好不好呢”。假使在一个盛夏的中午，一群工人正在休息，一位监工走上去把大家臭骂一顿，说拿了工钱坐着不做工是不对的。工人们怕监工，当然立刻站起来去工作了，可是当监工一走，他们便又停手了。因为那位监工不了解人们的心理，用一种强硬的态度，反而使人们产生了逆反心理，更要与你作对。如果那位监工上前和颜悦色地说：“天气真是热死人，坐着休息还是不断地流汗，这怎么办？朋友，现在工作任务紧，我们忍耐一下赶一赶好吗？我们早点干好，早点回去洗个澡，怎么样？”工人们听到这话，一定会忍着酷暑去工作。

哪个人不喜欢听柔和的话呢？小洛克菲勒深明此理，他就是一个善于与人商量的人。

1915年，小洛克菲勒还是科罗拉多州一个不起眼的人。当时，发生了美国工业史上最激烈的罢工，并且持续两年之久。愤怒的矿工要求科罗拉多燃料钢铁公司提高薪水。小洛克菲勒正负责管理这家公司。由于群情激愤，公司的财产遭受破坏，军队前来镇压，因而造成了流血事件，不少罢工工人被射杀。

当时的情况，可说是民怨沸腾。小洛克菲勒后来却赢得了罢工工人的信服。他是怎么做的呢？小洛克菲勒是个有平民思想的人，花了好几个星期结交工人朋友，并向罢工者代表们发表了一次充满人情味的演说。那次演说不但平息了众怒，而且还为他自己赢得了不少赞誉。他的演说始终是以诚恳的商量的口气：

“这是我一生当中最值得纪念的日子，因为这是我第一次有幸能和这家公司的员工代表见面，还有公司行政人员。我可以告诉你们，我很高兴站在这里，有生之年都不会忘记这次聚会。假如这次聚会提早两个星期举行，那么，对你们来说，我只是个陌生人，我也只认得少数几张面孔。由于上个星期以来，我有机会拜访整个南区矿场的营地，私下和大部分代表交谈过，我还拜访了你们的家庭，与你们的家人见了面，大家谈得很开心，让我懂得了许多道理。因而今天我站在这里，不算是陌生人，可以说是朋友了。基于这份互助的友谊，我很高兴有这个机会和大家讨论我们的共同利益。由于这个会议是由资方和劳工代表所组成的，承蒙你们的好意，我得以坐在这里。虽然我并非股东或劳工，但我深感与你们关系密切。从某种意义上说，我也代表了资方和劳工。”

多么出色而感人的演说，这可能是化敌为友最恰当的表现形式之一，假如小洛克菲勒采用的是另一种强硬的态度，与矿工们争得面红耳赤，用不堪入耳的话骂他们，或用话暗示错在他们，用各种理由证明矿工的不是，那会是什么样的结果呢？可想而知，只会招来更多的怨恨和暴行。

6.必要的契约不可少

在现今社会，要想把生意做大，单打独斗是很难成功的，你要有可靠的合伙人。一个不能联手经营的企业，永远只能是个“小虾米”，终有一天会被“大鱼”吃掉。但是，“一年合伙、两年红火、三年散伙”这一国内民营企业走不出的怪圈，却又让许多人谈起合伙就变色。

“真没想到，都是很好的哥们，他居然这样做，而且我们之间什么协议都没有签，对他个人也没有什么法律约束。”程则辉懊恼地对律师说。程则辉是一家民营企业的董事长兼总经理。企业的另一个发起人田力是专利技术持有人，不想在合作了4年之后，企业步入正轨、业绩也开始提升时，却提出要带着技术另立门户。程则辉当然十分气愤，但也无可奈何，在没有任何法律和协议保证的情况下，企业的运转濒临瘫痪。而田力却也有自己的道理，企业运营了4年资产已经有了很大提升，可是既没分过红，也没有股权上的说法，现在有了更大的企业请他带着技术去合作，条件更优厚，他当然选择离开。

类似这样合合分分的事情似乎天天都在上演。一项调查显示，中关村每天新诞生20家企业，但同时又有至少两家企业歇业或散伙。亲朋好友合开一家企业，创业时能志同道合，但稍有起色便闹分家，甚至对簿公堂。相对于大企业来说，中小企业的合伙人“分手”事件更多，对企业的影响也更大。

据国外一家研究机构对100家成长最快的小企业所做的调查，发现其中有一半的创业团队无法在企业发展的前5年中顺利存活，而在另一家机构所研究的12个创业团队的个案中发现，只有两家在创立5年后创业团队还保持创立初期的完整。

合伙是一种契约，契约也就是合同，它规定了订立契约或合同的人相互之间的义务和权利。比如，彼此之间出资的比例，利润的分配方法，不同的合伙人应该承担的债务份额，各自在企业中的地位等。这样，根据契约人的结成关系，合伙人也可以分成好几种形式：普通合伙人，名义合伙人，有限合伙人，秘密合伙人，匿名合伙人，不参加管理的合伙人等。所以合伙不是别的，就是几个人或几个组织和企业联合起来做生意，不管他们采取什么样的形式，也不管他们把自己的企业登记成什么样的法律名称。

综观那些事业上成功的人，他们在处理与朋友的合作上不外乎对以上所说的内容进行了有效执行而已。只要你铭记在心，并加以应用，就会发现与朋友合作是一件简单、愉快的事。

◎ 当你与朋友竞争的时候

生意场上变化莫测，今天的朋友，明天就可能是你的竞争对手。既然与朋友的竞争难以避免，那就更要求你要处理好其中的利益关系。

与朋友竞争，要有正确的心态。面对强于自己的，不要惊慌失措；面对弱于自己的，也不要张狂自负。如果与朋友在意见上有分歧，则完全可以讨论，但不要争吵，应该学会用无可辩驳的事实和从容镇定的声音表达自己的观点。

商场如战场，一旦相互竞争，即便是朋友，关系也不会如同往日。在这种时刻，朋友之间的相处如同博弈，面对各种可能面临的境况，必须事先想好对策，才能做到有备无患，从容自如。

比如，当你挖空心思想出一个好主意，使你的生意得到很大发展时，却有朋友一声招呼也不打，照搬照抄你的方法，并抢走了很多原本属于你的客户。面对这种情况，你该怎么办？总不能整天气急败坏吧。下面几种方法或许对你有所帮助：

1.用短信澄清事实

当然，短信内容一定不能让对方产生不快。短信的主要目的是要委婉地提醒一下对方，自己当初的想法，是怎样演变到今天这个令人欣喜的样子。在短信中适当的地方，你可以写上有关的日期、标题，可以引用任何现存的书面证据。

在短信的最后要建议进行一次面对面的讨论，这是很重要的，这能让你有机会再次含蓄地强调一下你的真正意思：这主意是你想出来的。

如果真的有人把你的功劳忘记了，想把功劳归属于自己，那么这个方法倒能为你争回功劳起一定作用。

2.夸赞抢你功劳的人，然后重申主意是自己的

说这番话的时候，要再一次对朋友的独一无二的才能和见解大加赞赏。这种方法对女性商人来说特别重要。很多研究者发现，女性商人喜欢从“我们”的角度，而不是“我”的角度来做事，所以她们的想法和首创就常常会被男性商人所挪用。如果着眼于事情的积极一面，你的朋友也是想方设法要做好生意，而且他对生意也有独到的看法，也许会有助于你解决这个可能很棘手的问题。

当你觉得这个方法比较适合你应用时，你就应早点行动，如果等你的朋友把你的想法散布开时再行动，困难就大得多了。

3.退出争夺战

初看起来，这似乎不是一种方法，或者不能算是一种很好的方法。但对某些人来讲，这或许是最好的。你应该问一问自己：哪个更重要，是把自己的想法付诸实施？还是独自拥有想出这个点子的名誉?

这是一个复杂的问题，这意味着你要做出一些牺牲。在做出决定时，应该考虑一下，要打这场“官司”得花费多少精力。在某些情况下，比如，你正要接手一笔大生意，要付出大量的时间和精力；或者除了“原则问题”之外其他并无妨碍，而要证明所有权只能使你疲惫不堪。在这些情况下退出争夺战显然是明智之举，是上上之策。

与朋友竞争对你来说是一件无奈的事，你选择全力对抗就有可能失去朋友，你选择顾全友谊就会失去发展机会。所以，在“利”与“义”的选择上，一定要慎重。

◎ 当朋友有求于你的时候

无论是在生活中还是在事业上，你都难免碰到朋友有求于自己的时候，是置之不理还是热情帮忙？不帮朋友面子上挂不住，帮了又可能有损自己的某些利益，两难的选择中常常透着无奈。

人们总是可以敏感地觉察到自己的苦处，却对别人的苦处缺乏了解。他们不了解别人的需要，更不会花工夫去了解。有的甚至知道了也假装不知道，大概是因为没有切身之苦、切肤之痛吧！

虽然很少有人能达到这个境界，但至少可以随时观察一下朋友的需要，时刻关心朋友，帮助他们脱离困境。如果你能在关键时刻帮朋友一把，那么别人一定会牢记心中。

事实上，没有比帮朋友办事更能体现一个人宽广的胸怀和慷慨的气度了。对一个失意的朋友说一句鼓励的话，扶起一个跌倒的朋友，给予一个沮丧的朋友一份真挚的祝福，你一点损失也没有，但对一个需要帮助的人来说，却是慷慨的帮助。

对于一个身陷困境的朋友，一点点钱便可以使他不饿肚子；对于一个执迷不悟的朋友，一次诚恳的交心便可能会使他建立起做人的尊严与自信。

所以，不要吝于帮助朋友。

当你正在潜心于某项工作，或正全心投入一份你所热衷的事业，或沉浸于你所赖以生存的一份工作时，却受到了来自朋友的求助等分外事情的干扰，此时需要你拿出时间、花费心思和精力去解决它。

如果你答应这些分外之事，势必影响你正在进行的工作，你也许会因此而感到不愉快、不甘心。但是如果拒绝了，你也会感到心理不安，还可能带来一些意外的麻烦，会遭到朋友对你的误解，受到无谓的攻击，受到周围人的冷淡，你同样会过得不舒服、不愉快。这时该怎么办呢?

朋友求助等分外之事，也许只是暂时占去了你的部分时间，从长远看，牺牲这一点时间实际对你并没有造成多少损失。而你在帮助朋友时，也能够感觉到助人的快乐，因此对你没有什么划不来的；反倒是由于你帮助了朋友，方便了朋友，因而获得了良好的人际关系，这种美好的效应或许你一时无法明显地感觉到，但是如果你经常给人方便，常替朋友分忧解愁，日积月累，将会使你结下许多善缘，这与你当初因帮助朋友而损失的一点时间完全无法相比。

三毛曾经说过：朋友这种关系，美在锦上添花，贵在雪中送炭。

朋友有求于你，有时是陷入无法摆脱的困境。此刻帮对方的忙就有如在他濒临饿死时送一只萝卜，这和富贵时送一座金山，就内心感受来说，完全不一样。人对雪中送炭之人总是怀有特殊的好感。

某位小姐如此说："我有一位朋友，我每次需要帮助的时候，他一定出现。比如，我有急事需要用车或上班迟到时需要用车，只要我打个电话，他一定到，可以说有求必应。事情一过去，我们又各忙各的。到过年过节的时候，我总是忘不了给他寄一张贺卡，发个短信给他拜个年。"

对身处困境中的朋友仅仅有同情心是不够的，应给具体的帮助，使其渡过难关。这种雪中送炭，分忧解难的行为最易引起对方的感激之情，进而形成友情。比如，一个农民做生意赔了本，他向几位朋友借钱，都遭到回绝。后来他向一位平时交往不多的乡民借钱时，在他说明情况之后，对方毫不犹豫地借钱给他，使他渡过难关，他从内心里感激。后来，他发达了，依然不忘这一借钱的交情，常常给对方以特别的关照。

当然，对于朋友所求之事要分别对待。有些事情，比如，违法的事情，即便朋友许下好处也不能帮。这一点上，你一定要把握好。

◎ 当你有求于朋友的时候

生活在一个全新的现代社会中，人与人之间友谊的内涵变得丰富、深刻，但是朋友的重要仍是非常明显的。当你有困难时，自然希望得到朋友的帮助，但要让朋友想帮你、愿帮你，并不是一件容易的事。因为这里同样要涉及利益之争。

求朋友帮忙有学问，会求朋友的人总是使朋友乐于帮助他。当你有求于朋友时，必须注意以下几点：

首先，求人先要捧人。

好话人人都爱听，求朋友办事时，不妨多捧着对方说话，这是为了办事能成功所采取的一种战术。

人处世间，难免有求人办事的时候，事情是否能办成，还要看你是否能与对方拉好关系，讨对方的喜欢。每个人都知道，赞美别人能增加别人对你的好感，如果你能在求人办事时，恰当地赞美对方，那么对方在获得心理满足之后也一定会乐于满足你的要求。

其次，求事先高后低。

朋友也有朋友的难处，有些时候帮你的忙对他们来说很麻烦，而你又必须依靠朋友，这时，怎么求就要仔细研究了。

有些人在求人办事时，他们明确说出自己的要求，甚至比实际需要量多出10~20倍。这样一来，只要能满足他要求的一半也就够了。比如，当你把调令交给不愿服从工作调动的员工时，可以说："实际上，在决定人事工作的会议上是要你去外地的分公司的，经过我的努力才答应让你到这个生产中心。"也许人事会议上并未真的决定他到外地的分公司，然而，经你这么一说，对方便会进行比较：与外地的分公司相比，还是去本市的生产中心较好。于是这位员工就会说："那么，我愿意去。"这时，如果你再强调一下自己的作用，对方也许就会对你感恩戴德，乖乖服从了。

再次，求将不如激将。

俗话说："求将不如激将。"求朋友办事，不妨根据对方的心理特点，使其在某种情绪冲动下帮助自己办事。

激将法一般有以下几种方式：

1.直激法

就是面对面直接地贬低朋友，刺激他、羞辱他、激怒他以达到使他"跳起来"的目的。

2.暗激法

暗激法就是有意识地褒扬第三者，暗中刺激对方，激发他压倒、超过第三者的决心。

暗激法的巧妙，就在于它是通过言外之意、旁敲侧击的说法，委婉地传递刺激信息。人们都希望别人尊重自己，而有人在自己面前有意夸耀第三者，或者贬低与自己亲近的人，显然会对他起到一种暗示性刺激，从而迫使他在维护自尊的同时，促其为己办事。

3.导激法

激烈言词有时不是简单的否定、贬低，而是“激中有导”，用诱导性语言，把对方的热情激起来。

最后，让朋友知道事成后的好处。

商人有着重利的本性，就应该多从利益的角度为朋友考虑。求朋友办事，如果朋友感到答应你要求的话，他是在进行无偿的奉献，他根本无利可图，得不到任何好处，这时，他自然不愿意给你办事，至少积极性不会太高，有时还会给你使绊子，让你办事阻力重重。

要想办事顺利，在求朋友办事的时候，就要让朋友知道事情办成后会得到某种好处。要让朋友知道你求他帮忙办事，不是让他白帮忙，事成之后，他也会得到好处。

让朋友知道事情办成后的好处，这样做的好处是多方面的。比如，把事情办好了，其事情本身就会给帮忙者带来好处；或者把事情办好后，会赢得升官发财的机会；或者把事情办好后，会得到对方的回报，满足自己某一方面的需要，这种好处可能是物质的，也可能是精神的。如果对方知道帮你办事会得到你所说的好处，对方肯定会努力去做的。

有好处和没好处，办事就会出现不同的结局。有好处，他会拼了命去给你办；没好处，能办的事也不想办。

只要有利可图，总能激起人的欲望。要想朋友为自己办事，就要让对方知道事情办成后会得到好处，让对方知道为你办事值得，那朋友对你所求之事就容易办了。

在托朋友办事时，不要太苛求，只要对方为你办事，在没有办成的情况下，也要向对方表示感谢，这一点是千万不可忽略的。

这无疑会使两人的感情更融洽，也为对方下一次为你办事奠定基础。如果朋友历尽周折，因为某种原因并没有办成你所托的事，你连一句“谢谢”和鼓励的话都没有，那么对方必然再也不想帮你办事了。

CHAPTER 6

益与利有尺度，有钱大家赚同富贵共患难

刘、关、张桃园三结义，共同创立蜀汉政权让世人羡慕不已。同样，刘因为关、张两人坚持伐吴，葬送蜀汉国力也让世人为之感叹。到底什么样的人才可以一起共事？选择一个合适的合作伙伴，对于生意人来说，其难度并不低于选择自己的爱人。友情可以是绊脚石也可以是垫脚石，关键在于选择。

◎ 好朋友并不意味好伙伴

如果你想开创一份事业，而你身边的好朋友正好也有相同的想法，这时，你们是否会一拍即合呢？

好朋友的“诱惑”在于朋友之间的那种心心相通，在于“有福同享，有难同当”和“两肋插刀”的气魄。有这么多诱人的因素摆在面前，仿佛只要有了好朋友，一切问题就解决了。好朋友可能是同学、战友、打小一起和泥长大的玩伴。互相之间没有利害冲突，可以随心所欲地说东道西，聊天喝酒。更难得的是好朋友彼此知根知底，没有面对陌生人的种种不便。

正因为如此，一般人在开创或拓展自己的事业时，总是想找好朋友一起做。

按理说，当你和好朋友走到了一起，为了共同的事业一起努力，大家一起赚钱，这是一桩好事。但这里面有一个谁领导谁的问题。兄弟之间还可以有一个大哥，但好朋友之间就难分彼此了，平时觉得意气相投，直来直去惯了，可工作就不能这样了。总得有个人说话更有分量一些，但一个人一个想法，一个人一套思路，憋在心里，日久天长就会产生摩擦，产生隔阂，最后好聚好散还好，就怕弄得钱没赚到，反倒丢了朋友。

朋友们大多甘于平庸，千万不能指望有什么奇迹发生。但是，假如你非要与朋友共事，并且坚信不会造成任何有损于友谊的不良后果，那也可以，但你必须有足够的心理准备去承受失败。说一个最简单的例子，比如，桃园三结义的刘、关、张，友谊可谓轰轰烈烈，千古流芳，但他们共事的结果是什么呢？一事无成而已。这里面最可怕的是刘备太倚重两个兄弟，结果诸葛亮对关、张两位就纵容了，关羽在华容道放了曹操，按军纪关羽该斩，但看在刘备的面子上，这事连提也不提了。

一个人有好朋友多半是为了更好地生存，更好地成就一番事业。而古今中外能够有所作为的人恰恰是那些不指望朋友的人，同样是三国，曹操一代奸雄，秉性多疑，没有一个朋友，但偏偏是他打下基业，别人只能望其项背，自叹不如。结论是：好朋友并不意味着是好伙伴。

◎ 优势互补才能彼此互惠

在与朋友的交往中，人们常常受方位的邻近性、接触频率的高低性和意趣的相合性影响，使得交往的领域变得十分狭窄。

其实，决定交往对象范围的主要因素，应该是需要的互补性。如果你发现自己某方面个性有缺陷而又对某人这方面的良好个性十分羡慕和敬佩的话，那么你为什么不主动找他谈谈，用自己的感受与苦衷去引发他的体会与经验呢？如果你觉得自己与某人的长短之处正好互补的话，为什么不可以通过推心置腹的交往来各取人长，各补己短呢？

选准对象，抓住时机，主动出击，以己之虚心诚意去广交朋友，这对博采众长，克己之短，完善自我是很有好处的。这一点在与朋友的共事上十分重要。

著名的微软公司在用人上有一个特别重要的成功因素——注重互补性。这在微软创业团队中的另外一个传奇人物身上体现得十分突出。这个人在微软的早期并不是特别重要的人物，但现在他却是微软公司的首席执行官——史蒂夫·鲍尔默。他同样是比尔·盖茨的同学，是其在哈佛大学同一层宿舍楼的好朋友。1974年，18岁的鲍尔默在哈佛念二年级时，认识了同楼里一个瘦瘦的红头发学生盖茨。对数学、科学和拿破仑的激情使他们成了神交，鲍尔默和盖茨搬进同一个宿舍，起名为“雷电房”。

1980年，即比尔·盖茨创建微软的第六个年头，盖茨聘请小自己1岁的好朋友鲍尔默担任总裁个人助理，也就是他自己的助理。在盖茨的游艇上以5万美元的年薪和7%股份的合同聘用了鲍尔默。当时微软才16名员工。鲍尔默是第17位员工。鲍尔默成为微软第一位非技术的受聘者。从此，鲍尔默开始了他在微软至今长达23年的激动人心的创业生涯。

鲍尔默是早期微软公司中唯一的一个非技术出身的员工。他对计算机没有兴趣，也不具备基础技术知识。但他与盖茨一样对数学都有着共同的兴趣。鲍尔默与盖茨不同的是，他善于社交。鲍尔默穿梭于哈佛的每一个角落，他似乎认识哈佛的每一个人。鲍尔默有句口号：“一个人只是单翼天使，只有两个人抱在一起才能飞翔。”

接下来，这位“救火队长”几乎在所有部门招聘培养高素质的管理人员，管理重要的软件开发团队，同英特尔和IBM等重要伙伴打交道，控制公司的营销业务并建立了庞大的全球销售体系。身材魁梧、习惯咬指甲、大嗓门、工作狂的鲍尔默的天赋之一就是激励员工的才能。性格狂躁的他与性格偏内向的盖茨成为完美搭档，那些与鲍尔默进行过谈判或是完全进行对抗的竞争对手，都了解他的强人作风。

在微软成长为一家大公司之前，盖茨事必躬亲，不管是工资单、计算税率还是草拟合同、指示如何销售微软的产品等。但这些方面并不是他所特别擅长的。盖茨专长于技术和对市场的长远预见。随着公司规模的不断壮大，微软在人员配备上的缺陷也就暴露了出来。为了使软件做到完美，微软开始需要具有各种特殊技能的人才，而不仅仅是编程高手。微软开始需要产品规划人员、文档编写人员、实用性专家，以及使他们协同工作的聪明的经理，能够回答客户问题的技术人员，能够帮助客户更快上手的咨询专家，等等。

盖茨开始为管理上的琐事而烦恼。他随即意识到微软需要不懂得技术的智囊人物，就像鲍尔默，与微软的开发人员共同工作使微软的软件成为成功的产品。事实上，把鲍尔默引入微软是盖茨做出的最重要抉择之一。于是，鲍尔默在盖茨的劝说下，从学校退了学，进了微软公司，最终成了仅次于盖茨的第二号最有影响的人物。1998年7月，鲍尔默正式担任微软总裁。2000年1月，鲍尔默更上一层楼，正式担任微软CEO。

鲍尔默是天生激情派。他的管理秘诀就是激情管理。激情管理，给人信任、激励和压力。无论是在公共场合发言，还是平时的会谈，或者给员工讲话，他总要时不时把一只攥紧的拳头在另一只手上不停地击打，并总以一种高昂的语调说出来，以至于在1991年一次公司会议上叫得太猛太响亮，喊坏了嗓子，不得不进医院动了一次手术。

鲍尔默的出现无疑为微软增添了更多的活力与激情。而且他在管理方面的得心应手让盖茨终于得以从捉襟见肘的管理状态中成功脱离出来，成为一名专职的程序员。

这位更擅长团队管理和公关的微软新掌门一上台，就向媒体公开了“重组微软”的核心价值观：用激情主义在合作伙伴、客户和业界同仁中塑造微软诚信的商业新形象。二十几年发展起来的组织机构被全盘打散重组，将产品研发和营销功能组合成以目标客户为中心的六个业务部门，几个主流产品线从研发到销售连成一气，每个部门由同一位副总裁负责；另外有一个统管市场营销和服务的集团副总裁扮演鲍尔默从前的角色，对这6人协调指挥，并兼管客户服务。

如果说盖茨是微软的“大脑”，那么鲍尔默就是微软公司的“心脏”。盖茨与对手对簿公堂之时，鲍尔默主持了微软的大部分工作，撑起了微软的一片天，当盖茨醉心于计算机软件研发之时，鲍尔默又成为他的市场战略家，微软公司的销售工作在鲍尔默的主持下几乎是一步一个台阶，彼此的优势互补使得微软的年利润增长率达到28%。

此外，头脑敏锐的鲍尔默始终眼观六路、耳听八方，根据市场变化即时调整战略决策。

鲍尔默总裁酝酿了1年，1998年年底宣布了全盘改组方案，重组的结果是副总裁的位置减少了一半。而微软公司随之也再一次公布了创纪录的营业额和利润。所以，微软公司所取得的巨大成就与鲍尔默的贡献是分不开的。

不难看出，盖茨成为世界首富靠的并不是运气，而是在创业的过程中选择合适的合伙人，通过与性格、能力互补的朋友共同创业，盖茨将对方的优势运用得恰到好处，赢得了具有巨大财富的市场。这样搭档选择，创业绝不会中途陡然夭折，而且创业成功的几率也增加了数倍。在互补的发展过程中，盖茨最终如愿以偿“戴”上了软件帝国的“皇冠”。

要想通过朋友去获得互补的最大效益，你应当打破各种无形的界限，根据自己生活、事业上求进步的需要，积极参加相应的交往活动，主动选择有益的朋友，与这样朋友一起共事才能彼此互惠，创造出辉煌的业绩。

◎ 志同道合才有共同目标

一个人要实现自己的理想必须找到志同道合的朋友一起来完成，毕竟个人的能力有限，精力有限。只有和志同道合的朋友共同完成工作，才能不断地实现自己的理想。历史上几乎所有能够成就大事业的人，必然有一个或者几个志同道合的朋友在帮助他。

不要把自己的能力估计得过高，要充分考虑和志同道合的人共同努力来实现目标。

在比尔·盖茨的创业团队中，最不应该忽视的就是他的好朋友保罗·艾伦。这个志同道合的朋友，与盖茨有着进军软件业的共同目标，两个人一起度过了创业初期的日子。

艾伦是盖茨在湖滨中学的同学。其父亲当过二十多年的助理管理员，因此从小博览群书。1968年，与盖茨在湖滨中学相遇时，比盖茨年长两岁的艾伦以其丰富的知识折服了盖茨，而盖茨的计算机天分，又使艾伦倾慕不已。两人成了好朋友，一同迈进了计算机王国，掀起一场软件革命。

在谈到他们之间的友谊时，盖茨回忆说：“他读了4倍于我的科幻小说，另外，他还有许多解释自然奥秘的书，所以，我就问他有关‘枪炮工作原理’和‘原子反应堆’之类的问题，保罗把这些都讲解得头头是道。后来，我们经常在一起做数学和物理作业，这就是我们何以会成朋友的原因。”

艾伦的特点是说起话来柔声柔气，为人很谦虚。这一点在最初的公司业务开展中起了很大的作用。在与罗伯茨合作改进BASIC程序的过程中，罗伯茨虽然敬重盖茨的技术能力，但非常不喜欢他的对抗方式。罗伯茨说：“盖茨是一个被宠坏了的孩子，这就是问题的所在。艾伦比盖茨更富于创造性，盖茨和我争来争去，但是一个好办法也拿不出来，可是艾伦能。他对我们公司还是有一些帮助，而盖茨只能是添乱。”有了艾伦从中斡旋，最初的合作才不至于破裂。

艾伦是一个喜欢技术的人，所以他专注于微软新技术和新理念。盖茨则以商业为主，销售员、技术负责人、律师、商务谈判员及总裁一人全揽了，共同的理想使得两位创始人配合默契。艾伦在研发BASIC语言和操作系统方面显示了充分的远见。正是对于技术上的敏感，艾伦才不断地向盖茨提出创办公司的要求，并一再鼓动盖茨退学创业。

因为艾伦的谦让性格使然，微软公司开办之初，盖茨在合作协定中获得了微软公司大部分的权益。在公司股份中，盖茨占60%，艾伦占40%。因为盖茨可以证明他在BASIC语言的最初开发中做了更多，而艾伦也认可这一点。不久以后，这种比例又进一步调整为64：36。但是，从股份的多少不能划分的是：盖茨和艾伦这个精干的创业团队，缺一不可。两个人朝着软件业的顶峰共同迈进。

艾伦为盖茨制定了“先赢得客户，再提供技术”的公司发展战略。1981年，IBM的个人PC问世，急需一个配套操作系统。后来又是艾伦从西雅图计算机公司搞到了SCP－DOS程序的使用权，两人对该软件程序做了扩展改编，重新命名为MS－DOS，再反销给IBM。MS－DOS是微软开始走向世界软件业第一品牌的“发家宝”。

可以说艾伦是盖茨创业道路上最大的推动力。正是他拿着登有微型计算机研制成功的消息的杂志，去找盖茨，成功地说服了盖茨少打一些牌多干点正经事。也正是艾伦对技术的痴迷使得全新的BASIC语言最终得以出现，使微软最终成为软件领域的巨人。也正是艾伦和盖茨研发的操作系统逼迫IBM后来不得不加入个人电脑的战团中来。

“艾伦不是一个好的管理者，因为他优先考虑的不是业务，而是对技术本身的痴迷。”美国著名传记作家劳拉·里奇在这一点上也承认艾伦的重要作用：“微软之所以能够被载入商业史册就是因为其操作系统的成功。”

1982年，艾伦在一次商业旅行中突然病倒，诊断结果表明有癌变的迹象，应立即进行化疗和放射性治疗。在患病期间，艾伦意识到自己无法给予盖茨所要求的时间与精力。1983年，时任微软副总裁的艾伦终于离开了蒸蒸日上的微软。三年后，当微软公开上市时，艾伦拥有的近40%的股票让他成为全球顶级富豪之一。

人并不一定要找最优秀的同伴，但一定要找志同道合的朋友做同伴，只有志同道合的朋友才能够鼓励和激励自己在理想的路上走得更远，而不会轻言放弃。志同道合的朋友是值得交往的朋友，更是你在生意上不可缺少的助手。

◎ 有的朋友不能与他合作

与朋友一起合作，对自己来说是一种机会。但并不是什么朋友都可以合作的。很多时候，你常常被表象所迷惑，在与朋友合作后才看清对方的真面目。所以，要想事业能够成功，以下两种朋友是绝不可与之合作的：

第一，自以为是、刚愎自用型的朋友。

三国时代的马谡自认为从小熟读兵书，深知用兵之道，在守街亭时不听副将王平的劝阻，执意要把营寨建在高山之上，结果被魏军团团围住，几次突围都没有成功，加上水源又被拦截，军心动摇，终被魏军击败，街亭失守。面对魏军的长驱直入，幸亏诸葛亮大智大勇，上演了一出空城计，方才转危为安。马谡的错误造成街亭失守，军纪不容，诸葛亮不得不挥泪斩马谡，从此，马谡就成为自以为是、刚愎自用的典型人物。

在当今社会中，像马谡这样自以为是、刚愎自用的人依然很多，只不过表现的形式有所不同罢了。这些人自认为自己比别人聪明，分析力比别人强，也不知道通过什么手段搞些钱，或是开空头支票，让你钻进圈套，与你进行所谓的合作，然后，他就发号施令起来，总以为自己的观点与看法都是最好的，当你对他的一些观点或看法提出不同的意见时，他常认为没有必要进行修改。对你的意见或建议，轻易地给予否决，自己又提不出更好的方法来。思维方法是以偏概全、以点概面，偏激、固执，不易与人合作。当出现这种情况，你应断然与他分道扬镳。

金无足赤、人无完人。任何人都有优点与缺点，优点与缺点同时并存。对于一般的缺点与局限，在选择朋友时不能求全责备，要求对方十全十美。这在现实中是办不到的，因为你自己也不是十全十美的人。但对于具有上面所言的缺点与局限的人，你一定不能与他们合伙共事，因为这些缺点与局限是本质性的错误，是长期形成的，一时半刻也改不了。

第二，追求有异、目的不同的朋友。

在朋友中，目标和追求可能是不一样的，有的人本性喜欢追求长期收益，有的人喜欢追求称心如意的年收入，有的人喜欢追求专业性的挑战，还有的人喜欢追求个人的名声与地位。如果对朋友的动机与目的考察得不仔细，势必让一群动机不同的人混杂在一起，这对你的发展是极其不利的。精明的商人应该明察对方的内在动机与目标，并且慎重思考有进一步可能合作的基础，才最终下决定。

与朋友合作要谨慎，尤其对初交的朋友更要抱有防范之心。必须认清对方的本来面目，对于以上两种朋友，坚决不可以与之合作。

◎ 同富贵共患难才是合伙人

友谊不仅仅是在欢歌笑语中和睦相处，更是要在困难挫折中互相提携；事业不仅仅是在蓬勃发展时携手共进，更是要在危机降临时共同抵御。

对商人来说，能同富贵，不能共患难的只算是酒肉朋友；能共患难，不能同富贵的只能算普通朋友；能共患难，又能同富贵的才能算好朋友，真正的知己朋友。与这样的朋友一起合作共事，才能彼此同舟扬帆于商海之中，直达成功的彼岸。

有的人在无忧无虑的日常生活中，还能够和朋友嘻嘻哈哈地相处，可是一旦朋友遇到了困难，遭到了不幸，他们就冷落疏远了朋友，“友谊”也就烟消云散了。与这种只能共欢乐不能同患难的朋友共事，事业顺利时还好说，一旦有所波折，他必然最先离你而去。

“患难之交才是真朋友”，这话大家都不陌生。

汉末有一个人叫荀巨伯，有一次去探望朋友，正逢朋友卧病在床，这时恰好敌军攻破城池，烧杀掳掠，百姓纷纷携妻带子，四散逃难。朋友劝荀巨伯：“我病得很重，走不动，活不了几天了，你自己赶快逃命去吧！”

荀巨伯却不肯走，他说：“你把我看成什么人了，我远道赶来，就是为了来看你。现在，敌军进城，你又病着，我怎么能扔下你不管呢？”说完便转身给朋友熬药去了。

朋友百般苦求，叫他快走，荀巨伯却端药倒水安慰他说：“你就安心养病吧，不要管我，天塌下来我替你顶着！”

这时“砰”的一声，门被踢开了，几个凶神恶煞般的士兵冲进来，冲着他喝道：“你是什么人？如此大胆，全城人都跑光了，你为什么不跑？”

荀巨伯指着躺在床上的朋友说：“我的朋友病得很重，我不能丢下他独自逃命。”并正气凛然地说：“请你们别惊吓着我的朋友，有事找我好了。即使要我替朋友而死，我也绝不皱眉头！”

敌军一听愣了，听着荀巨伯的慷慨言语，看看荀巨伯的无畏态度，很是感动，说：“想不到这里的人如此高尚，怎么好意思侵害他们呢？走吧！”说着，敌军撤走了。

患难时体现出的正义能产生如此巨大的威力，不能不令人惊叹。

相对于共患难来说，能够同富贵的朋友更是难寻。富贵时，朋友间更容易在利益上发生矛盾。生活是很复杂的，什么事情都可能发生。

比如，一起开创事业的朋友，成功后在企业的发展方向、利润的分配、人员的使用上都会存在分歧，这些分歧就成为矛盾爆发点。

田峰与好朋友张东一起开办了一家公司，田峰主管业务，张东负责财务，两人说好了利润五五分成。公司开办的前两年效益一般，两人的收入都很少，田峰也就没在意。到了第三年，公司连做了好几笔大生意，效益可观。年底分红时，田峰惊讶地发现自己的收入比朋友相差几十万。最后才发现，虽然两人之间利润五五分成，但张东拿走的是纯利润，而他的那一部分则包括公司的日常开支。张东利用自己对财务的专长和朋友的信任，狠狠摆了田峰一道。

在挑选事业上的合伙人时，你一定要谨慎，不是什么样的朋友都可以共事的。如果你发现身边有一个能同富贵共患难的好朋友，千万别错过他。

CHAPTER 7

熟谙酒局潜规则，在酒桌上就能搞定生意

在今天，酒桌上谈生意已经是惯例了，很多生意就是在酒桌上谈成的。但酒局有酒局的规矩，在酒桌上说什么话，有什么举止，乃至如何喝酒、敬酒、拒酒都有讲究的。事实上，许多生意的成功率在酒桌上远远高于办公室，如果你能把握和利用好这个场合，就能赢得对方的好感，生意也就基本成功了。

◎ 如何在酒桌上结交朋友

酒局是你把客户变成朋友的重要场所。

俗话说“无酒不成宴”，对于生意人来说，交际应酬自然少不了饭局和酒局。许多人都是在酒桌上交成朋友的，在宴会上，两个人坐在一起，酒杯一碰，一仰脖子把酒喝下去，陌生人就可能成为好朋友。

能喝酒的生意人很容易在酒桌上交到朋友，他们碰在一起容易惺惺相惜，几杯酒下肚后，便会觉得相见恨晚，觉得与对方特投缘，朋友就这样产生了。

有道是“无宴不言商”，许多生意在酒桌上的成功率要远远高于在办公室。酒能够给人壮胆，酒桌会大大缩短人与人之间的距离。在你周围也不乏原来滴酒不沾的人，在工作了十多年之后变成了杯中高手。在酒桌上坚持不喝酒的人，则会引起别人的反感，甚至觉得你不真诚、虚伪、心眼太多、不可交。

谈起喝酒，几乎所有的人都有过切身体会，并不是能喝和敢喝就能交上朋友。所以，探索一下酒桌上的“奥妙”，有助于你交际成功。

1.相互应酬要积极

想要拓展朋友网，积极地接受朋友的邀请是会有很多益处的。在宴请的酒局上，或许有机会见到对方的许多朋友，对方的朋友就很可能在喝酒的过程中成为自己的好朋友。

“怎么样，今晚去喝几杯？”

当朋友打电话过来邀请时，即使你已喝得根本不想再喝了，也应该愉快地应邀。只要没特殊的情况，就应该回答对方：“没问题，我一定去！”你的行动的快慢可以把自己的诚意传达给朋友。

社交应酬的妙处并不在于它能一下子给你什么东西，而是在于它总能够给你提供更多的有利于工作事业的好机会。

当朋友邀请你去他家做客的时候，接受邀请的同时要问清对方什么时候去合适，然后按时赴约。当朋友对你说：“这几天来家里玩吧，请你吃饭，怎么样？”你应该确定一下时间：“下周日去打扰如何？合适吗？”然后在约定的这天去拜访并表现出由衷的高兴，那么对方一定会感到你是从心底里信任他的。其实社交成功与否往往在你的一念之间，懂得了应邀的奥妙，你和朋友的关系就会非常顺利地向前发展，甚至成为一生中难得的知心朋友。

另外，在朋友请客后，你理所应当地要说一声：“谢谢您的款待！”这是很有必要的。

有时候你也应该自己掏钱请他们的客，这时你应该怀有这么一种心情：就算费点钱，但能够听到他们宝贵的经验之谈，也是值得的。

无论哪一种交际，相互邀请是一项基本原则，但如果不分时间、场合，只知道应邀喝酒的话，那么这种人的品行就显得太低劣了。时刻牢记这一点：为了加深交际，要心甘情愿地掏自己的腰包。

2.请人吃饭有原则

恰当的邀请可以为交际的顺利和成功提供条件，为此，你在请朋友吃饭时，应该做到以下三个方面：

一是选择合适的对象。

确定邀请对象是为了解决问题。而邀请对象的选择，必须根据交际的目的而定。就一般的情况而言，下棋应请棋友，跳舞应请舞友，打球当请球友，乔迁、喜丧则请亲朋好友，开业剪彩就该请有利于工作展开、业务往来，便于协调社区关系及从事新闻传播方面的客人……

邀请的对象自然是能给你带来帮助的人，但有时也需要一些其他朋友来作陪。如果遇到这种情况，就应当精心安排，选择邀请对象，根据交际的性质、需要及宴会规模的大小等，遵循先主要后次要、先亲近后疏远的原则，来划定邀请范围，依次确定邀请名单。

此外，还要适当考虑邀请对象的学识、年龄、地位、性格的差异和他们相互间的关系等，以防邀请错误，破坏邀请对象间的关系和谐，给你的交际带来不必要的麻烦。

二是采取恰当的方式。

采取何种方式邀请，要具体问题具体分析，根据交际的性质、对象而定。学者、专家、老板等，大多工作忙、时间紧，对他们最好提前相约，以便他们做好工作调整和时间安排；闲暇时间多、工作比较自由的人早点约定自然更好，而即使临时邀请，一般也能随请随到；对某团体的要人，公开邀请，甚至借助传播媒介，有利于引起关注，促进宣传，扩大影响；而朋友密谈则应悄悄地进行以便更利于避开旁人的视线，保证交往活动的隐蔽性。一般的亲友往来，打个招呼、通个电话、捎个口信也就可以了；比较重要的工作联系、业务关系、公关事务等就必须采用相应的公文格式，如发书信、寄请柬等，或者按照一定的规格派专人传达、亲自登门，以示重视、郑重和尊重。总之，邀请的方式要因事而定，因人而异。

三是注意"行""明""便""诚"。

"行"即邀请的可行性。某人办了一家餐馆，开业剪彩，非要请某大型企业董事长亲临，来装门面，做宣传，谁知久请不到，一拖再拖，最终也没请来，白白浪费了时间。所以邀请要量力而行，既不强人所难，也不为所不能为。

"明"就是明确、明白。邀请前一定要明确宴会的时间、地点、活动内容、邀请对象等，以便心中有数，做好邀请。还须将上述事项向邀请对象传达明白，以利其接受邀请，担负相应的角色，准时赴约。

"便"就是尽可能地为邀请对象着想，为其提供来往交通等方面的便利。王老板想请张教授帮他解决一个技术难题。张教授年事已高，行动不便，原本打算拒绝，没想到王老板竟派了专车接送，专人护理，使张教授很感动，改变了主意，这样与人方便，自己方便，利人利己。

“诚”就是真诚相约，不虚情假意、不违约、不失信。有人曾邀请朋友到他家去做客，朋友信以为真，谁知他却是虚意敷衍，让朋友吃了闭门羹。他这种失礼行为，使朋友非常气愤。事隔多年，提及此事，朋友仍然耿耿于怀。这么邀请耍弄了别人，失去了朋友，岂不害人害己！

3.安排席位要仔细

无论是国内还是国外，在席位上都十分讲究。以至于开国际会议时，也只有采取圆桌的形式。所以，如果你要请客，那么在席位安排上要仔细。

正式宴会一般均须排席位，也可以只排部分客人的席位，其他人只排桌次或自由入座。

桌数较多时要排桌次，按国际上的习惯，桌次高低以离主桌位置远近而定，右高左低、中心高外围低。

席位高低以离主人的座位远近而定，同时也遵循右高左低的习惯。排席位的主要依据是礼宾次序。因此，在排席位前，要按礼宾次序开列主、客双方的名单。当然，也要考虑特殊因素灵活处理。如遇主宾身份高于主人，为表示对他的尊重，可以把主宾摆在主人的位置上，主人则坐在主宾位置上，第二主人坐在主宾的左侧（当然也可以按常规排列）。

男女宾的座位安排，按外国习惯是穿插安排。我国习惯按各人职务、身份排列，以便于谈话。如果有夫人出席，通常与宴会女主人排在一起。比如，男主宾坐在男主人右侧，其夫人坐在女主人左侧。如果宴会主人的夫人不出席，可请其他身份相当的妇女做第二主人，亦可以把主宾夫妇安排在主人的左右两侧。

席位安排要适当照顾各种实际情况，比如，身份大体相当、专业相同、语言相同的人，可以排在一起；意见分歧、关系紧张者，应避免排在一起，等等。席位排好后，应该用席卡标明。桌次可在请柬上注明，或入席前通知。大型宴会最好有人引导，以免混乱。

◎ 酒桌上要注意言行举止

俗话说“吃有吃相”，但吃得漂亮却不是一件很容易的事。比如，当同桌的几个人围坐在酒桌旁准备就餐时，其中一个人手拿筷子敲打碗盏或者茶杯；主人尚未示意开始，就有人已经在狼吞虎咽；不等喜欢的菜肴转到自己跟前，就伸长胳膊越过很远的距离甚至屁股离座挑选菜肴；喝汤时“咕噜咕噜”，吃菜时“吧叽吧叽”作响；用餐尚未结束，饱嗝已经连连打出等，这些现象都可看出一个人不拘小节和缺乏修养。那么，怎样的吃相才算得体呢?

在入座之后，一边做好就餐的准备，一边可以和同桌的人随意进行交谈，以创造一个和谐融洽的用餐气氛。不要旁若无人，兀然独坐，也不要眼睛紧盯着酒桌上的冷菜，显出一副迫不及待的样子，或者无意识地摆弄餐具。

在宴席上，听到主人招呼以后再开始进餐。取菜不宜过多，吃完之后再取。不要对不合自己口味的菜显出为难的表情，应当礼节性地品尝一点。尤其在社交场合吃饭时，要显得文雅，不要狼吞虎咽，大吃大嚼，这种表现实在不太雅观，一定注意吃的姿态要美观。要注意吃东西时不要大声咀嚼；喝汤时不要弄出声响；碗筷刀叉不要碰得叮当响，更不要用匙子去刮碰碗底；吃东西时嘴里的残渣不要往桌上、地上乱吐，应把这些东西集中放于一处，以便主人饭后打扫方便，也不至于影响周围人的食欲。用餐的动作要文雅，夹菜时注意不要碰到邻座的客人，也不要把盘里的菜随意拨到桌子上，更不能打翻盘碗。

筷子的使用，在长期的生活实践中已形成了礼仪上的忌讳，比如，一忌敲筷子，在等待就餐时，不能一手拿一根筷子随意敲打；二忌掷筷，在发筷子时要轻，相距较远时可以请人递过去，不能随手掷在桌上；三忌叉筷，也就是筷子不能一横一竖交叉摆放或一根是正着放，一根是反着放；四忌插筷，不论在何种情况下，都不能把筷子插在菜上或饭碗里；五忌挥筷，在夹菜时不能把筷子在盘里翻来搅去，也不能让两个人的筷子在空中乱舞或者用筷子指点别人，把筷子当成说话时的道具。

在酒桌上，不要嘴里含着食物大声说话，弄得饭菜乱喷，这是很粗俗的行为，是社交场合之大忌。吃饭时，也不要用手中的餐具指指点点，那是不礼貌的举动。

做客吃饭时，不要用自己的筷子在菜盘里挑挑拣拣，拨来拨去，这样的小孩都会让人生厌，更何况是成年人？因此，在家里吃饭也要坚决杜绝这种习惯。另外，请人在家里吃饭时，最好使用公匙、公筷，实行分餐。

宴席结束后，不要在酒桌上当着别人的面挖鼻孔、剔牙齿。这些小动作有损你的社交形象。在酒宴上碰杯时，主人和主宾先碰，也可以同时举杯示意，不必逐一碰杯。祝酒时，不要交叉碰杯。

当主人和主宾致辞时，其他的人应暂停进餐，专心倾听。特别是当主人和主宾前来敬酒时，被敬者要起立举杯，双眼注视对方并与之碰杯，互祝美意。

◎ 喝酒时要注意的规矩

酒局有酒局的规矩，懂规矩的人才容易让别人接受。一般来说，参加酒局有以下规矩：酒桌上虽然有“感情深，一口闷；感情浅，舔一舔”的说法，但是喝酒的时候绝不能把这句话挂在嘴上；韬光养晦，厚积薄发，切不可一上酒桌就充大；领导相互喝完才轮到自己敬；可以多人敬一人，绝不可一人敬多人，除非你是领导；自己敬别人，如果不碰杯，自己喝多少可视情况而定，比如，对方酒量、对方喝酒态度，切不可比对方喝得少，要知道是自己敬酒人；自己敬别人，如果碰杯，说一句“我喝完，你随意”方显大度；自己职位卑微，记得多给领导添酒，不要瞎给领导代酒，就是要代，也要在领导确实想找人代，还要装作自己是因为想喝酒而不是为了给领导代酒而喝酒。比如，领导甲不胜酒力，可以通过旁敲侧击把准备敬领导甲的人拦下；端起酒杯（啤酒杯），右手握杯，左手垫杯底，记着自己的杯子永远低于别人。自己如果是领导，知趣点，不要放太低，不然怎么叫下面的做人？

如果没有特殊人物在场，碰酒最好按时针顺序，不要厚此薄彼；碰杯、敬酒，要有说辞，不然，对方没有理由要喝你的酒。桌面上不谈生意，喝好了，生意也就差不多了，大家心里了然，不然人家也不会敞开了跟你喝酒；说错话、办错事，不要申辩，自觉罚酒才是硬道理；假如遇到酒不够的情况，酒瓶放在桌子中间，让人自己添，不要去一个一个倒酒，不然后面的人没酒怎么办？最后一定还有一个闷杯酒，所以，不要让自己的酒杯空着；注意酒后不要失言，不要说大话，不要失态，不要唾沫横飞，筷子乱甩，不要手乱指，喝汤“噗噗”响，不要放屁打嗝，憋不住就去厕所；不要把“我不会喝酒”挂在嘴上（如果你喝的话），免得别人骂你虚伪，不管你信不信，人能不能喝酒还真能看出来；领导跟你喝酒，是给你面子，不管领导要你喝多少，自己先干为敬，记着，双手托杯，杯子要低；花生米对喝酒人来说，是个好东西。保持清醒的头脑，酒后嘘寒问暖是少不了的，一杯酸奶、一杯热水、一条热毛巾都显得你关怀备至。如果你酒量不怎么样，但又不想因此违背酒局上的规矩，那么给你一些诀窍：

1.不要主动出击，实行以守为攻战略；

2.干杯后，不要马上咽下去，找机会用餐巾抹嘴，把酒吐到餐巾里（适用女性）；

3.入座后先吃一些肥肉类、淀粉类食品垫底，喝酒不容易醉；

4.掌握节奏，不要一下子喝得太猛；

5.不要几种酒混着喝，特别容易醉；

6.领导夹菜时，千万不要转酒桌中间的圆盘，领导夹菜时转盘是酒桌上大忌；

7.喝到六分醉时，把你面前的醋碟中的醋喝下，再让服务员添上；

8.每次干杯时倒满，然后在喝前假装没有拿稳酒盅，尽量洒出去一些，这样每次可以少喝不少。

◎ 酒桌说话不简单

在酒桌上，如何说话是“酒文化”的重要部分。说得好，可以打破交际障碍；说不好，反而容易得罪人。在酒桌上会说话，将有助于你有效地与他人沟通。

1.独乐不如众乐，切忌私语

大多数酒宴宾客都较多，所以应尽量多谈论一些大部分人能够参与的话题，得到多数人的认同。因为个人的兴趣爱好、知识面不同，所以话题尽量不要太偏，避免唯我独尊，天南海北，神侃无边，出现跑题现象，而忽略了众人。

尽量不要与人贴耳小声私语，给别人一种神秘感，往往会产生“就你俩好”的嫉妒心理而影响了喝酒的效果。

2.瞄准宾主，把握大局

大多数酒宴都有一个主题，也就是喝酒的目的。赴宴时首先应环视一下各位的神态表情，分清主次，不要单纯地为了喝酒而喝酒，从而失去交友的好机会，更不要让某些哗众取宠的酒徒搅乱东道主的意思。

3.语言得当，诙谐幽默

酒桌上可以显示出一个人的才华、学识、修养和交际风度，有时一句诙谐幽默的语言，会给别人留下很深的印象，使人无形中对你产生好感。所以，应该知道什么时候该说什么话，语言得当，诙谐幽默很关键。

4.劝酒适度，切莫强求

“以酒论英雄”，对酒量大的人还可以，酒量小的人可就犯难了，有时过分地劝酒，会将原有的朋友感情完全破坏。

5.敬酒有序，主次分明

敬酒也是一门学问。一般情况下敬酒应以年龄大小、职位高低、宾主身份为序，敬酒前一定要充分考虑好敬酒的顺序，分明主次。即使与不熟悉的人在一起喝酒，也要先打听一下身份或是留意别人如何称呼，这一点心中要有数，避免出现尴尬以至于伤感情之事。

敬酒时一定要把握好敬酒的顺序。有求于席上的某位客人，对他自然要加倍恭敬，但是要注意：如果在场有更高身份或年长的人，则不应只对能帮你忙的人毕恭毕敬，也要先给尊者长者敬酒，不然会使大家都很难为情。

6.察言观色，了解人心

要想在酒桌上得到大家的赞赏，就必须学会察言观色。因为与人交际，就要了解人心，左右逢源，才能扮演好酒桌上的角色。

7.锋芒渐露，稳坐泰山

酒宴上要看清场合，正确评估自己的实力，不要太冲动，尽量保留一些酒力和说话的分寸，既不让别人小看自己又不要过分地表露自身，选择适当的机会，逐渐露出自己的锋芒，才能稳坐泰山，不致让别人产生“就这点能力”的想法，使大家不敢低估你的实力。

◎ 拒酒同样有技巧

在酒桌上往往会遇到劝酒的现象，有的人总喜欢想方设法让别人多喝几杯，认为不喝到位就是不实在。在这种情况下，你若是偏偏不能喝，如何拒酒呢?

喝酒有喝酒的方法，拒酒同样有拒酒的方法，下面几个方法可供参考：

1.满面笑容拒酒，智在以柔克刚

有不少人发现，相当多的“酒精（久经）考验”的拒酒者，任凭你天花乱坠地劝，他就是笑眯眯地频频举杯而不饮，而且振振有词。张某乔迁之日，特邀亲朋祝贺，小李也在其中，然而小李平素很少饮酒，且酒量“不堪一击”。酒桌上，小王提议和小李单独“意思”一下，小李深知自己酒量的深浅，忙起身，一个劲儿地扮笑脸，一个劲儿地说圆场话：“酒不在多，喝好就行。”“经常见面，不必客气。”“你看我喝得满面红光，全托你的福，实在是……”结果使小王无可奈何。

2.突出事实拒酒，智在申明情况

事实胜于雄辩，无懈可击。拒酒时，若能突出事实，申明实际情况，再配上得体的语言，能令劝酒者欲言又止，放弃敬酒。A君参加一个生日宴会，B君好久未曾和A君相逢，提出要和A君痛饮三杯。A君说："你的厚意我领了，遗憾的是我最近一段时间身体不适，正在吃药，好久滴酒不沾了，只好请你多关照。好在来日方长，后会有期，日后我一定与你一醉方休，好吗？"此言一出，宾客们都纷纷赞许，B君也只好罢手。

3.针对拒酒后果，智在前车之鉴

饮酒当然应是喝好而不喝倒，让客人乘兴而来，尽兴而归。那种不顾实际的劝酒术，说到底，也不过是以把人喝倒为目的，充其量只能说是低级趣味的劝酒术，乃劝酒之大忌。作为被动者，当酒已喝到一半量时，应向东道主或劝酒者说明情况。如"感谢你对我的一片盛情，我原本只有三两酒，今天因喝得格外开心，多贪了几杯，再喝就'不对劲儿'了，还望你能体谅"。如此推托以后，就再也不要喝了。这种实实在在的说明后果和委婉的拒酒术，只要劝酒者明白其中的道理，善解人意，就会见好就收。

4.反守为攻拒酒，智在后发制人

反守为攻即先不动声色，静听其言，等待时机，一旦时机成熟，抓住对方言辞中的突破口，以此切入，反守为攻，使对方无法争辩，从而拒酒。刘某新婚大喜之日，当酒宴进入高潮时，某"酒仙"似醉非醉地请两位上座的来宾一起一人"吹"一瓶。面对"酒仙"言辞上的咄咄逼人，两位来宾中的一人站起来说："我想请教你一个问题，‘三人行，必有我师’，这是不是孔子的话？”“酒仙”随即答：“是的。”来宾见其已入圈套，便说：“既然圣人说‘三人行，必有我师’，你又提议要我们两人一起喝，你现在就是我们两位最好的老师，请你先示范一瓶，怎么样？”这突如其来的一击，直逼得“酒仙”束手无策，无言以对，只得解除酒令。

此番拒酒，妙就妙在某来宾不动声色，静听其言，抓住“酒仙”言辞中的切入点，提出问题。然后悄悄布下个圈套，诱使其说出（或同意）与自己相似的观点，请君入瓮，随即收拢圈套，以“诺”攻“诺”，反戈一击，达到制胜拒酒的目的。

酒桌的确是联络感情、洽谈生意、促进友谊的桥梁。为了广交朋友，你除了“能吃能喝”外，更重要的是将自己培养成在交际应酬中“会吃会喝会交友”的应酬高手。

◎ 得体地陪客户吃饭

在陪客户吃饭的时候，挑食绝对是一个不好的习惯。如果你在吃的方面过于挑剔的话，在和客户一起进餐时，这个不能吃，那个不合胃口，就会很容易影响到对方的情绪，导致不良的后果。为此，你应克服挑食的毛病。

1.怎样陪客户吃午餐

“不就是吃顿午餐吗，没什么了不起的！”有人可能会这样想。但请你不可小看这一点，弄得不好可要出洋相的。有的人也不问对方是否方便，就拉着他到自己认为比较好的餐厅去用午餐。假如对方是一位回族人，你硬要人家吃你自己喜欢吃的猪肝和红烧猪肉，那不是强人所难吗？另外，对方喜欢吃某一道菜，但这也并不代表任何时候都喜欢吃这道菜。不论是谁，其胃口总是会随着外在情况的变化而有所不同，所以在用餐之前应该征求一下客户的意见，听一听对方喜欢到哪一家餐馆或想吃些什么东西。

至于午餐要不要酒或要什么样的酒都应该征求一下对方的意

见。如有的客户下午有重要工作，但你却把酒摆到酒桌上或再三向对方敬酒，对方就会很为难。喝吧，将严重影响下午的工作；不喝吧，你已再三地向他敬酒了，不喝点表示一下又觉得自己太失礼，所以只得冒险勉强地喝，而在这种情况下，他是无论如何也高兴不起来的。因此，结果只能是你多花了钱而对方却又感到为难而已。

大城市的办公大楼附近，一到午餐时间，餐厅就特别拥挤，一些像样的餐厅都会大排长龙，这时要想包桌就很困难了。但如果不包一桌的话，一起来的人就可能分散在好几个酒桌上用餐，没有办法边吃边谈了。因此，要招待一些重要客户用餐时，一定要事先预订好房间，就是慢一点也没有关系，反正有车可以利用。总之，要请客户吃午餐，就要选择一个高雅、安静并讲究气氛的地方。

出差时，因人生地不熟，如果要宴请客户的话可托人找对方联系，但是在付钱方面可千万不能马虎。虽然你事先跟客户说好了是你请客，但在用餐完毕准备付钱时，客户也可能会主动站起来做出要去付钱的样子。或许客户是个爱面子的人，也或许他是真心真意想去付钱，无论是哪一种情况，你都要婉言谢绝，要自己亲自去付钱。即使是客户招待，你也不要一副理所当然或客户应该付钱的样子，这是应有的礼节，也是交际方面必备的常识。

2.怎样陪客户吃晚餐

要吃什么也是以客户为主，征求一下客户的意见。如客户点的菜恰好也是自己喜欢吃的，那当然是最理想不过了；但如果客户的胃口与你的不一样，只要不是你特别不喜欢吃的，最好暂时委屈一下。

如果客户没有说他喜欢吃什么的话，那就把菜单送到他跟前，请他点菜，尤其是在客户不止一人的情况下，这种办法虽说很简单，但实际上不少人却做不到这一点。

另外，当客户来企业拜访并在企业附近用餐时，有的人就把客户带到企业经常用来招待客户的餐厅摆上一桌，也不管客户喜欢吃什么或不喜欢吃什么，能吃什么或不能吃什么，反正就自作主张地代客户决定一切，这也是很不好的。你应抛弃这种自作主张的招待方法，在准备晚餐前，设法多听听客户的意见，弄清客户是否能喝酒，喜欢喝什么酒，酒量多大，用餐后有无消遣以及喜欢玩什么等。上述情况，弄清楚后，再去选择用餐场所。

当以企业的名义出面招待客户时，应主动地向上司报告客户的喜好并按上司指定的地方准备。去比较远的地方出差而且需要在客户附近宴请时，一般均委托客户选择聚餐地点并提前预约。

一个人的酒量有大有小，有的人一点都不能喝，有的人能少量地喝一点，有的人相当能喝，也有的人是酒鬼，见了酒连命都不要。因此，劝客户喝酒时以适量为宜，这也合乎礼节。

现实情况是，有很多人总是不顾一切地劝酒，客户已经反复地说“我已过量了，不能再喝了”，但是他仍然拿着酒瓶向客户酒杯里倒，“还早着呢，再喝嘛，再来一杯”或“再稍微加一点”“就加这么一点点行吧”等。这种逼着客户喝酒的招待绝对不是热情招待，而是一种不能体谅人，没有人情味又低俗的表现。正确的做法是要观察客户的表情与神态，当客户郑重其事地说不喝时，千万不要勉强，这样一来既可防止客户喝醉，也使客户感到很亲切。

喜欢喝酒的人一见到酒往往容易失去控制，所以要特别注意。有的人是因为自己还想再喝，所以就拼命地让客户也喝，陪客的人应该顺着客户的意思去做，但有的人却不知好歹仍继续向其劝酒，有的人甚至把酒桌上的空酒瓶倒过来并把最后的一滴酒也倒在自己的酒杯里，嘴里还一个劲地念着“怪可惜的”，这种粗俗的举动实在难登大雅之堂。

3.用餐的风度

如果你了解各种菜的吃法，当然这是最理想的，但实际上能做到这点并不容易。有的菜自己不知道怎么吃，这时该怎么办呢?

为了不在客户面前出洋相，可先问一问对方，也可以看看身边的人怎么个吃法，自己再学着吃。如果必须自己先动手，又不知道该怎么个吃法，怎么办呢?那就干脆按自己想象的办法吃，不过要顺便向客户说一声：“这玩意儿，我也不知道该怎么个吃法，请不要见怪。”千万不要打肿脸充胖子。为了保险起见，建议你最好还是去买几本相关的书来学习一下。

要让酒桌上的客户不致产生不愉快感是至关重要的。而那些嘴里塞满了饭菜还在那里唠叨个不停的人只会使人食欲不振。一些从小在礼节方面就受到严格教养的人，就最不喜欢那些不拘小节的人，他们认为酒桌上的不文明行为将使自己感到不愉快。所以，你应谨记这一点，不要使客户产生这种感觉。

当你嘴里含有东西而又需要回答对方的问题时，哪怕稍微停顿一下也没有关系，先把嘴里的东西咽下去之后再说。如果需要你马上回答而且回答得迟了就会失礼时，那该怎么办呢?其实方法很简单，只要把嘴里的东西先用舌头挪到一边，这样就能正确地发音了。

大家都知道，在喝茶喝汤时发出“咕噜噜”的声音或者使勺子叉子发出“稀里哗啦”的声音都是失礼的，因此，一定要特别注意。

4.酒桌上的话题

在酒桌上要多留意些，不要向客户提出一些必须放下手中餐具才能回答的严肃问题，也不要向客户提出一些必须长篇大论或花较长时间才能回答完的问题。此外，一些不雅的话题或是容易使人产生不当联想的话题都应避免。

为了使酒桌有高兴愉快的气氛，请尽量选择一些轻松愉快的、无害的、简单的话题。

有的人在招待客户用餐时，不管在吃的时候还是在喝的时候，都一直在滔滔不绝地讲生意方面的事情。在客户刚要往嘴里送食物或想把话题岔开时，他马上又把话题转到有关工作方面的事情上来，还自鸣得意。他这是犯了一个战略上的错误。

如果是事先约好的可以边吃边谈，或者是客户主动提出的谈话，这当然就另当别论了。但除此之外，最好还是谈一些有关菜的味道或各地风土人情之类的话题，总而言之，酒桌上的话题应以闲谈聊天为主。

酒桌上之所以不谈工作，其目的在于交朋友和搞好人际关系，这样慢慢地必然会导致以后交易上的成功。酒桌上从头至尾谈工作，通常是没有工作能力的人所表现出来的行为。留给客户的印象不是枯燥无味就是喜欢自吹自擂，几乎很少有人喜欢跟这种人打交道。因此想要合作，那根本是没指望了。

5.滴酒不沾的人如何陪客户

虽说喝酒也是练出来的，但确实有因为体质或别的原因一滴酒也不能喝的人。这样的人如果遇上酒鬼可就不行了。虽然饮果汁能避免喝一些酒，但是若遇上再三灌你酒的人时，恐怕就要勉为其难地喝一点了。

值得注意的是一些滴酒不沾的人中，有不少人却是宴会上陪客户的高手。他们在长期的磨炼中，在热情地为客户斟酒的过程中，学到不少陪伴客户的诀窍，其诀窍就是“因为不会喝，所以我就只有一心一意地为客户斟酒服务”。

有的人在自己的酒杯里倒些茶，也像喝酒似的一点点地喝，这样也会使气氛很热闹，也有的推销员装出喝醉酒的样子，讲一些有趣的话逗大家笑。总而言之，办法很多，只要你能想到就都可以用上。

6.喝不多的人如何陪客户

会喝但喝不多的人有很多，在宴会上这种会喝但又喝不多的人也最难办。因为他不可能像一滴酒都不能喝的人那样，索性只为客户斟酒服务，另一方面他又不能和酒量大的客户干杯痛饮。上述人如果遇上一位和自己的酒量差不多的客户那还好对付，如果很不幸地遇上一个酒量大的客户可就有得受了。

酒量小的人往往饮酒的方法也不高明，宴会一开始客户为你斟酒时，你就“咕噜咕噜”地一杯又一杯地喝个不停，当客户真的要和你面对面地干几杯时，你差不多已经醉得天昏地暗了。

此外，酒量小的人也不喜欢别人为自己频频斟酒，自己在为客户斟酒时也会特别小心，但手法往往不佳。比如，客户催促着斟满时，一方面慌慌忙忙地把自己杯里的一饮而尽，一方面又急急忙忙为对方斟酒，因对方的酒杯里还有酒，所以也没喝多少；相反的，因为自己的杯子是空的，客户当然要给你倒满，这时客户再和你干杯时，你已经比客户多喝一杯了。如上所述，在喝酒时斟酒是大有学问的，因此，你应该在这些问题上多动点脑筋和多下点功夫才可以。

酒量小的人不仅要设法控制自己的酒量，还要动脑筋琢磨劝酒的方法。敬酒、劝酒、斟酒的方法越高明，对方也喝得越高兴。

宴会上如果客户明知你酒量小而有意想把你灌醉的话，你可以直率地把酒杯收起来，并且郑重其事地告诉客户："我的身体实在是受不了，请您谅解！"

陪酒量大的客户喝酒之前，最好先多吃些脂肪多的食物垫垫底，以起到保护胃壁和阻止酒精吸收的作用。在喝酒的方法上，开始要少喝一点，然后再逐渐地增加酒量，使自己有个适应的时间。

◎ 宴席上不能厚此薄彼

在宴席上需要分清主次，有轻有重，不可能平均。但聪明的人在保证“重点”的时候，绝不忽略“一般”。比如，迎面来了三个人，好久未见了，其中一位正是自己急于寻找求助办事的，你怎么对待呢？是抓住一人，不计其余；还是逐个关照，热情寒暄一番，然后和其他人说明情况，保证“重点”，这就是一个技巧。

人和人的关系，往往不是简单的我和你的关系，常常是我和他，三四个甚至五六个的关系。

当客人怀着欢喜的心情坐到你的家宴席上时，他们倒不是为了吃点喝点什么，而是为了通过这种社交形式互诉衷肠、互诉友情。只要主人能以平等的态度对待每一个客人，那么，家宴桌上的“皆大欢喜”是不难做到的。而如果“热”此“冷”彼，“冷”者当然不高兴，而“热”者心中也不会好受，因为实际上那少数的“热”者，有意无意地被人推向了“冷”者的对立面，心里也会“为之不欢”。据说，圆桌的发明，正是为了使人席者既无南面之尊，又无北面之卑，其中本身就隐含着“平等”两字。坐在象征平等的圆桌边进餐，而偏要人为地造出种种不平等的举动来，岂不可笑？

那么，要处理好多个关系，做到不偏不倚、一视同仁，应该注意哪些方面呢？

1.勿以尊卑定“冷热”

无论职务高低，那些大人物与一般平民在人格上都是平等的，在日常生活的交往中也是平等的。在一般的家宴桌上，只要不是什么特殊需要，都可以随意一点，那样有好处，甚至可以调节“官”“民”关系。而如果把“官”和“民”的关系延伸到宴会桌上来，不仅不会使上司提高威信，让上司脸上有光，还会适得其反。

2.勿以亲疏定“冷热”

在家宴席上，来的客人之中，会有与主人关系比较亲密的，也有与主人关系一般的人，在这种场合，特别要注意不能区别对待。在与人交往时，既不谄媚讨好尊者，也不歧视冷落卑者，端庄而不过于矜持，谦逊而不矫揉造作，充分显示出你的诚挚内心。

你常常会听到周围有这样的评价：某人做事真周到。这样的话，肯定就是对那些在日常应酬中做得圆满者的赞赏，同时也说明了被赞赏者是日常应酬的成功者。

在宴席上，如果有三个人，那么其中一个人可能会是本次应酬的“次要者”。如果在应酬过程中，这位“次要者”遭到了冷落，在心里产生不被重视的感觉，那他的心里将会是非常尴尬的，而且以后他便会找出各种各样的理由，拒绝出现在这样的场合。这样，你就有可能因此而失去一个可以在某个方面向你提供帮助的朋友。

让每一个人都感到你在重视他的存在，你的事业便成功了一半。适当地让“次要者”参与到你们的谈话中，不仅可以打消“次要者”的尴尬，同时还可以为你赢得朋友的心。让“次要者”感到他的存在，可以有以下四种形式：常常向“次要者”微笑；不时地向“次要者”询问一些平常的问题；常常示意“次要者”喝茶或吃点心；让“次要者”参与到你们的谈话之中。

CHAPTER 8

做生意是种境界，做永久的朋友做永久的生意

对中国人而言，买一样东西，我为什么找你不找他？除非你给我面子，而所谓面子，包含了折扣、优惠或特别的服务。“合作是交情，成交是生意”，跟中国人做生意，是一种艺术，运用之妙，存乎一心，很难完全套公式。简单来说，就是让对方有被重视的感觉。让对方越痛快，越有面子，就越可能达到“买卖完成，仁义又在”的最高境界。

◎ 做中国式的“面子”生意

在西方人的观念中很喜欢将对人的问题和对事的问题分开处理。在商场上，说穿了就是生意归生意，朋友归朋友。而在东方，中国人的观念似乎逐渐倾向于对事要无情、对人要有情的论调。以经验而言，两者之间要求出一个平衡点来，确实很不容易！

中国人到底还是中国人，五千年的传统，不是一下子就能甩得掉的。

在中国人的社会里，人与事是不容易分开的。中国人的行事准则，其轨道是情、理、法，三者顺序不易更动，如果把它颠倒过来，事情就很难办，即使办通了，也会在无形之中得罪人。

在生意场合中，双方议价僵持不下，如果有一方搬出面子问题，而你居然还不肯给面子时，恐怕买卖就很难做下去了。比如：“老板，东西我很满意，价钱也差不多了，你就给我个面子少赚一点，把这笔买卖做成算了！”“做生意就是做生意，价钱和面子是两回事。对不起，少一毛不卖！”这种回答，保证对方心里会不痛快！心里想：“才这么一点钱，连这点面子都不给，又不是‘孤行独市’的，我不找你总行吧！”中国人一旦搬出面子问题，“焦点”会立刻转移，如果处理不当，不但买卖不成，而且仁义也丢了。若换个方式说，效果可能就大不相同了！“既然您这么讲，我就没有什么话说了，赚不赚钱倒是次要，但你这个朋友一定得交。一句话，照您的价钱给您！”给对方面子，他未必下次再找你做买卖；但至少他不会替你做“反宣传”，这就是收获。

话虽这么说，也并不表示中国人对人与事一定会完全混淆不清，而是有程度上的差异。“合作是交情，成交是生意”，虽因交情而合作，生意则仍应保持有利润才行。

◎ 时刻顾及别人的面子

人对自己的面子都是十分在意的。与人相交，必须时刻顾及彼此的面子，这样友情才能持久。

美国成人教育专家戴尔·卡耐基是处理人际关系的“老手”，然而早年时，也曾犯过小错误。

有一天晚上，卡耐基参加一个宴会，宴席中，坐在他右边的一位朋友讲了一段幽默故事，并引用了一句话，意思是“谋事在人，成事在天”。那位健谈的朋友提到，他所引用的那句话出自《圣经》。但卡耐基知道这位朋友错了，他很肯定地知道出处，一点疑问也没有。

为了表现优越感，卡耐基忍不住纠正他。对方立刻反唇相讥：“什么？出自莎士比亚？不可能！绝对不可能！”那位朋友一时下不了台，不禁有些恼怒。

当时卡耐基的老朋友法兰克·葛孟坐在他左边。他研究莎士比亚的著作多年，于是卡耐基就向他求证。葛孟在桌下踢了他一脚，然后说："卡耐基，你错了，他是对的，这句话的确出自《圣经》。"

那晚回家的路上，卡耐基对葛孟说："你明明知道那句话出自莎士比亚。"

"是的，当然。"他回答，"《哈姆莱特》第五幕第二场。可是亲爱的戴尔，我们是宴会上的客人，为什么要证明他错了？那样会使他喜欢你吗？他并没在征求你的意见，为什么不保留他的脸面？"

葛孟对卡耐基的人生告诫是：一些无关紧要的小错误，放过去也无伤大雅，那就没有必要去纠正。这样不但能保全朋友的面子，维持正常的谈话气氛，还能使你有意外的收获，在朋友和在场的人心目中建立良好的印象，这无疑有利于自身人气的提高。

无论你采取什么方式指出朋友的错误：一个蔑视的眼神，一种不满的腔调，一个不耐烦的手势，都有可能带来难堪的后果。你以为他会同意你所指出的吗？绝对不会。因为你否定了朋友的智慧和判断力，打击了朋友的荣耀和自尊心，同时还伤害了朋友的感情。对方非但不会改变自己的看法，还要进行反击。

人是有自尊心的。很多时候，你无意间的一句话就可能使朋友之间的感情完全破裂。

孙涛说自己干过的最糊涂的一件事就是不该伤了朋友的面子。孙涛有个知己叫林羽，林羽是个很出色的年轻人，可就是家境太贫寒，他上大学拿的是助学贷款，平时还要打工赚取生活费，穿的衣服都是破旧过时的，一到周末他每天就只能吃一顿饭……孙涛跟林羽认识后，十分同情他的处境。正好两人身材相仿，孙涛就常把自己的衣服送给林羽，还拉林羽去自己家吃饭，又往林羽的饭卡里充钱。对于孙涛为自己所做的一切，林羽非常感激，并表示在自己有能力的时候，一定回报孙涛。孙涛自然不会期望获得回报，但也为自己拥有如此出色的朋友而感到骄傲。不过这一切却都被孙涛脱口而出的一句话给毁了：那天孙涛跟女朋友迟敏闹了矛盾，孙涛便约了林羽和一大群同学去小酒馆喝酒。喝多了以后，孙涛就开始胡说八道，大骂迟敏脚踏两只船，这时林羽听不下去了，他让孙涛清醒一下，并说他敢担保迟敏绝对不是那样的人，但孙涛酒劲一上来伤人的话就冲口而出："你担保？你吃我的用我的，连你身上这套衣服都是我的，你凭什么担保？"顿时小酒馆里静得连掉根针都能听见，林羽脸色惨白地从酒馆走了出去。第二天，林羽归还了所有的衣服用品，不知从哪儿借300多块钱存到了孙涛卡里，林羽没给孙涛任何解释的机会，两人从好朋友变成了陌路人。

孙涛因为当众出言伤人，伤了朋友的面子，而失去了一个知心朋友，这都是由于他在处世方法上的失误造成的。要知道在一些人眼里，面子是十分重要的，有时候面子甚至重于一切。了解这一点，你就该知道，即使是对最亲密的人，也要给他留面子。

有人说：中国人死要面子。死要面子就是说宁愿死，也要面子。孔子的高足子路就是这样，他为了不丢面子，不惜结缨而去。因为面子反目成仇甚至生死之争的情况并不少见。

公元前605年，楚人献给郑灵公一个特大的鳖，灵公用它来大宴群臣，却唯独不让子公吃。这是因为一次上朝，子公的食指突然动了起来，他便对别的大夫说，我的食指一动，就能尝到非同一般的美味。灵公听后，偏要让子公的话不能实现，这显然是不给子公面子。子公也不是好惹的，为挽回面子，就径直走向烹鳖的鼎前，染指于鼎，尝之而出。子公挽回了自己的面子，却扫了灵公的面子。双方只好翻脸，只不过子公抢先一步，弑杀灵公，并给他弄一个“灵”的谥号，让他永远没有面子。

想想灵公死得真不值，就因为丢了别人的面子，便遭到杀身大祸，死了依旧没有面子。

每个人都需要面子，而且也都希望自己有面子，有面子就能被别人看得起，表明他在人群中间有优越感。懂得这个道理，交友就方便许多，只要你能放下自己的面子，给别人一个面子，相信你会在办事时获益匪浅。

不过这种面子必须是你给别人的，而非自己争的。争面子于己于友，都没好处，只会伤了和气。

西晋的石崇与王恺斗富，就是典型的面子之争。王恺用麦糖掺米饭擦锅，石崇就用蜡烛煮饭；王恺用紫丝布做步障40里，石崇就做锦布障50里；王恺用赤石脂涂墙，石崇就用花椒和泥涂墙。最后，弄得晋武帝也来帮忙，他赐给王恺一支二尺高的珊瑚树，世间罕有。没想到石崇根本没把它放在眼里，拿起他的玉如意就向珊瑚树敲过去，珊瑚树应声而碎，他回头吩咐仆人回家取出珊瑚树，让王恺任意选取，有三尺高的，四尺高的，弄得王恺怅然若失，垂头丧气。石崇太过固执，不会忍让朋友，一下子让王恺的面子丢尽。他比王恺富有，这是一个事实，他却非要比出高下不可，比的结果，自然是他赢了。无论王恺接受不接受珊瑚树，有一点是肯定的，面子伤了，交情就谈不上了。石崇大可不必做得如此绝，假若他肯处处让别人一分面子，那就是另一种情形。

处世时，首先就是要懂得时刻顾及别人的面子。倘若你自恃自己的面子大，不把别人放在眼里，碰上死要面子的人，就可能不吃你那一套，甚至可能撕下脸皮和你对着干，这样常常会把彼此的关系弄僵。

懂面子，你还得去要面子，假若你请朋友吃饭，而朋友不太领情，这时，你便不能割袍断交，你要学会去要面子，你要说看在多年交情的分上，给我一个面子。只要他给了你面子，他吃了饭，那么，他的人情算欠下了，即使饭是朋友给你面子才吃的。送礼也一样，让朋友给个面子收下，这个面子你得去争取。

老李帮老朋友办了件事，老朋友和妻子拿了些礼品登门道谢，老李觉得自己只是举手之劳，就死活不收礼，没想到老朋友一走就再没跟他联系过。老李打电话一问，朋友在电话里说："提礼物去硬被你推出来了，知道我那天怎么从你家走出来的吗？"老李这才知道怎么回事，道歉之后两人又和好如初。

另外的一点，给面子要给得恰当，不恰当就是不给面子。如果被请之人面子很大，而又未受到应有的待遇，则成了极伤面子的事情。

永远不要说这样的话："看着吧！你会知道谁是谁非的。"这等于说："我会使你改变看法，我比你更聪明。"这实际上是一种挑战，在你还没有开始证明别人的错误之前，他已经准备迎战了。为什么要给自己增加困难呢？

为什么要把自己放在别人的对立面呢？为什么要让彼此都下不了台呢？时刻顾及别人的面子，你们才能更好地相处。

◎ 要勇于承认自己的错误

俗话说：“人非圣贤，孰能无过。”人与人之间交往并不都是一帆风顺，就是朋友之间同样免不了发生一些不愉快的事情。比如，感情冲动，话说过头，做事过火；由于方法不当，说错了话，或做错了事，等等。遇到这种情况，丝毫不要羞羞答答、扭扭捏捏、遮遮掩掩，最好是勇敢地向朋友道歉。

有些人认为，朋友之间还用得着客套？即使有所冒犯也无须道歉，其实错了。生活中因为一件小事、一句言语、一次口角、一个行为就使几十年的老朋友反目的事不是常有的吗？因为不肯道歉和认错，或者找各种借口来掩饰自己的过错只能加深矛盾，使朋友生气。道歉，并非耻辱，而是真挚和诚恳的表示；道歉，可以避免一场纠纷的出现。

一个人有勇气主动对朋友承认自己的错误，不仅可以消除对方的怒气，自己也可以获得某种程度上的满足感。这不仅可以消除罪恶感和自我维护的本能，更重要的是有助于解决这个错误所造成的问题。

真正的道歉不仅仅是承认一个错误，它还表现在，你意识到自己的言谈举止有损于你与他人之间的关系，而且对补偿和重建这种关系有着相当的愿望。

当然这绝不是一件轻而易举的事情，承认错误是令人难堪的。但是，一旦你迫使自己勇敢地这样去做，克制自己的骄傲心理，它将会成为一种奇妙的医治感情创伤的“良药”。

抗美援朝时期，洪学智是彭德怀元帅的副手，主要分管军备后勤的工作。有一天前线上的第三军反映缺粮，彭德怀立即打电话给洪学智，质问他为什么第三军无故断粮，并说这样的后勤管理太荒唐，洪学智坚持说第三军现在肯定没有断粮，两人争执不下，彭德怀对洪学智大发了一通脾气。最后，派人到前沿的第三军驻地了解情况，第三军军长抱歉说：“电报有误，我们还有足足三天的后备粮呢！”彭德怀得知真相，对洪学智哈哈大笑：“老洪，委屈你啰，吃一个梨，算是我给你赔梨（礼）了。”通过这件事，洪学智更加敬重彭德怀的无私的胸怀，两个人的战斗友谊，在这场误会中变得更加密切了。

作为一个“人”，你需要学会道歉的艺术。你回想一下，有多少次由于你严厉刺耳的评判和尖刻的话语使你以失去朋友为代价而受到了惩罚，然后，你计算一下，有几次你曾坦白、诚恳地表明了你的歉意。

记住，向人表示道歉不是一件丢脸的事，而是成熟和诚实的表现。即使是伟人也会道歉。丘吉尔对杜鲁门的第一印象十分不好，后来他告诉杜鲁门自己曾一度严重地低估了他，这是一句用高明的恭维话表示的一种歉意。

一位当大夫的朋友曾讲过这样一件事：

一位诉说有各种各样病痛的男人到他那里去看病，这个人头疼、失眠、消化紊乱，可是却找不到任何生理上的原因。

最后，这位朋友对他说："除非你告诉我你的良心上有什么不安，否则我是无法帮助你的。"经过痛苦的思想斗争，这个人终于承认，他作为父亲指定的遗产执行人，一直对住在国外的弟弟欺瞒了他的遗产继承权。马上，这位明智的大夫便敦促这个人给他弟弟写了一封信，请求弟弟的宽恕，并随信附寄了一张支票作为第一步的补偿。然后，他一直护送这个人把这封信送到邮局，当这封信在检信口消失的时候，这个男人流出了热泪。"谢谢你"他说，"我相信我的病都好了。"他真的就恢复了健康。

如果你认为朋友想要或准备责备你，也许对方是在吹毛求疵，这时你不要烦恼，自己先行一步，主动地把对方要指责你的话说出来，那他就拿你没办法了。

赫巴是位曾闹得满城风雨的最具独特人格的作家之一，他那尖酸刻薄的笔锋经常引起一些人强烈的不满。但是赫巴以少见的为人处世的技巧，常常化敌为友。

当一些愤怒的读者写信给他，表示对他的某些文章不以为然，结尾又痛骂他一顿时，赫巴就如此回答："回想起来，我也不尽然同意自己。我昨天写的东西，今天不见得全部满意。我很高兴你对这件事的看法。下次你来附近时，欢迎驾临，我们可以交换意见，遥祝敬意。”

如果面对一个这样对待你的人，你还能怎么说呢？

当你对的时候，你就要试着温和地、巧妙地使对方同意你的看法；而当你错了，就要迅速而坦率地承认。

这种技巧不但能产生惊人的效果，而且在任何情形下，都要比为自己争辩还要有用得多。

别忘了这句古话：“用争斗的方法，你绝不能得到满意的结果；但用让步的方法，收获会比你预期的高出许多。”因此，如果你希望妥善地解决争端，请记住下面的规则：如果你错了，就要很快坦率地承认。

对朋友勇于承认自己的错误，承认自己的言行破坏了彼此间的关系。通过认错表示你对相互间的关系十分重视，这样不仅可以弥补产生裂痕的交情，而且还可以增进感情。

认错也要讲究方法技巧的，以下就是在认错时必须注意的几个问题：

1.态度要诚恳

美国学者苏珊·杰考比说：“在我最初的记忆中，母亲告诉我在说‘对不起’时，眼睛不要看在地上，要抬起头，看着对方的眼睛。这样人家才会明白你是真诚的。我母亲就这样传授好的认错艺术即必须直率。你必须不是在假装道歉。这并非耻辱，而是真挚和诚恳的表现。”

隋朝时，隋文帝要将辛宣斩首，刑部侍郎赵绰说：“按照法律，辛宣不应斩首，我不敢奉诏！”隋文帝很生气，对赵绰说：“你爱惜他，就不爱惜自己吗？”命令左仆射高颖将赵绰斩首。赵绰说：“陛下宁可杀臣，不得杀辛亶！”赵绰被押到朝堂，剥去衣服，准备斩首，隋文帝又派人对赵绰说：“你究竟想怎样？”赵绰回答：“执法一心，不敢惜死！”隋文帝闻后一惊，心有所动，便命令放了赵绰。第二天，隋文帝向赵绰公开认错，并对他勉励了一番。

2.认错要坦诚

主动认错，检讨自己，纠正错误，是一种美德和值得尊敬的事。因此不必躲躲闪闪，但也不必夸大其词，一味往自己脸上抹黑。那样，别人不仅不会接受你的道歉，甚至觉得你虚伪。

3.道歉要及时

即使不能马上认错，日后也要看准时机及时表示自己的歉意。

闻一多先生早年曾是“新月派”诗人，同鲁迅作过对。后来，当他发现自己错了时，鲁迅先生已经逝世了。于是他便借纪念鲁迅先生的大会，当众表示自己对鲁迅先生的深深歉意。他说：“反对鲁迅先生的还有一种自命清高的人，就像我自己这样的一批人。”讲到这里，他忽然转过头去，望着墙上挂着的鲁迅像，鞠了一躬，然后说：“现在我向鲁迅忏悔，对不起，我们错了。当鲁迅受苦受难时，我们却正在享福。如果当时我们都有鲁迅那样的硬骨头精神，哪怕只有一点，中国也不会像现在这样了。”对于闻一多这种坦诚直率的品德，与会者无一不报之热烈的掌声。

可见，及时认错，在很大程度上可以弥补言行不当带来的不良后果。

生活中，很多人做错事后，往往碍于面子，不肯向朋友低头认错，这种想法是很可笑的，朋友喜欢你、尊敬你，你才有面子。可是你做错事却不肯认错，朋友就会憎恶你，朋友都不愿与你交往了又有什么面子呢？因此，一旦做错了事，你就要勇于低头认错，这样朋友才会真正谅解你、喜欢你。

犯了错，责任在己就要勇于承认。诚恳的道歉不仅能够弥补被损坏的朋友关系，而且还可以使这种关系变得更为牢固。

◎ 给别人一个回旋的余地

有的人与别人相处时，动不动就让其下不了台，轻则颜面有损，重则怒而绝交。

孙磊是山东人，脾气又直又倔，常常得罪人。最让人接受不了的是他总是不给人留余地，非要把事做绝，把话说绝。年轻时，孙磊在山东有个不错的工作，工资优厚，又很清闲，没什么人事纠纷，与孙磊的脾气很合。可是有一次，孙磊为了一件事和同办公室的一个同事吵了起来，大家都过来打圆场，那个同事也软了下来，表示愿意道歉。但孙磊却不肯罢休，扬言要把同事赶出这间办公室："有他没我，有我没他！"大家都劝孙磊何必把事做得这么绝呢！和和气气地放人一马不好吗？但孙磊却不肯答应。结果三个月以后，那个同事居然升迁了。这样一来，孙磊只好辞了职，一个人跑到北京来了。不料孙磊是吃亏不长记性，在目前的单位还是维持老脾气，同事们都离他远远的，大家说："千万可别惹上孙磊，那股不依不饶的劲，不把人逼到绝路上是誓不罢休啊！"就这样，孙磊成了“独行侠”，在单位里工作了七年，竟然没人愿意和他交朋友。

孙磊犯了处世的大忌，他不给别人留有余地，其实就是切断自己的后路。俗话说“三十年河东，三十年河西”，风水轮流转，今天你不给别人留余地，别人心里会记恨你，也会觉得你太绝情，等到他得意起来的时候，他就会报复你、打击你，这时其他人也不会同情你，反而会说“活该”。一个不给人留有余地的人，是永远无法获得大家喜欢和支持的。

朱治小时候家里很穷。一天，有个客人到他家，诱人的鱼香令他垂涎不已。朱治当时才6岁，还不懂得掩饰自己，他吵着要吃鱼，母亲答应了，但是有个条件：等客人吃饱后方可上桌。

朱治不听：“等客人吃饱了，鱼不就被他吃光了？”母亲答道：“知礼的客人绝对不会将鱼翻过来吃，另外一面一定还是好好的。不信你去窗边看看……”

朱治来到窗边，踮着脚尖往里看，眼睛盯着桌上的那条鱼，忽然间，客人用筷子把鱼翻了个身……朱治失望地跑回厨房，扑进母亲怀里大哭起来。母亲也哭了，她不知该如何安抚朱治的心。长大后，朱治无论做什么事都要给别人留有余地，就同小时候妈妈告诉他吃鱼要给别人留一面一样。

朱治是聪明的，他没因那次没吃到鱼而遗憾，反而因此明白了一个处世的道理：要给别人留有余地。不考虑别人的人，别人也一定不会支持他，这种人的得意不但不会长久，还往往因此惹来祸端。

功与名是曾国藩毕生所执着追求的。他认为，古人称：立德、立功、立言为三不朽。为保持自己来之不易的功名富贵，他事事谨慎，处处谦卑，坚持“花未全开月未满圆”的观点。因为月盈则亏，日中则昃，鲜花完全开放了，便是凋落的开端。因此，他常对家人说，有福不可享尽，有势不可使尽。他称自己“平日最好古人‘花未全开月未满圆’八个字，以为惜福之道，保泰之法”。此外，他“长存冰渊惴惴之心”，为人处世必须如履薄冰，时时处处谨言慎行，才不致铸成大错，招来大祸。

人与人相处得饶人处且饶人。如果想获得别人的支持，想把自己的好运维持得长久，就要给别人一个回旋的余地，也是给自己留了一条后路。

◎ 赚钱从帮助别人开始

既能帮助别人，又能使自己受益。只有从这种思路出发的生意，才是最有发展前途的生意。

一个晴朗的夏日，一个脏乱的火车候车室内，坐着一位衣着随便、满脸疲态的老人。火车进站，老人起身向检票口走去。忽然，候车室外走来一个胖太太，她提着一只很大的箱子，显然也要赶这班列车，可箱子太重，累得她直喘粗气。她看到了那个老人，冲他大喊：“喂，老头，快给我提箱子，我待会儿给你小费！”老人拎过箱子就朝检票口走，虽然看起来他是那么的不堪重负。终于他们赶上了火车。胖太太抹了一把汗，庆幸地说：“要不是你，我非误车不可。”说着，掏出一美元递给老人。老人并不推辞，微笑着伸手接过。这时，列车长走了过来，对老人说：“您好，尊敬的洛克菲勒先生，欢迎您乘坐本次列车，如果有需要帮助的地方，我很乐意为您效劳。”“谢谢，不用了，我只是刚刚做了一个为期三天的徒步旅行，现在我要回纽约总部。”老人客气地回答。“什么？洛克菲勒？”胖太太惊叫起来，“上帝，我竟让石油大王洛克菲勒先生给我提箱子，居然还给了他一美元小费，我这是在干什么啊？”她忙向洛克菲勒道歉，并诚惶诚恐地请洛克菲勒把那一美元小费退给她。“太太，你不必道歉，你根本没有做错什么。”洛克菲勒微笑着说道，“这一美元，是我挣的，所以我收下了。”说着，洛克菲勒把那一美元郑重地放在了口袋里。

和洛克菲勒一样，大生意人最爱做的交易就是：既能帮助别人，又能使自己受益。现在，有越来越多的人也认为，只有从这种思路出发做成的生意，才是最有发展前途的生意。

◎ 赢得客户的心能赚大钱

人都是有感情的，如果你能用自己的关怀来赢得客户的心，让对方把你当成他的朋友，做起生意来自然财源广进。

在泰国，有一家华人经营的东方饭店几乎天天客满，不提前一个月预订是很难有入住机会的，而且大部分都来自西方发达国家。泰国在亚洲算不上特别发达，但为什么会有如此吸引人的饭店呢？大家往往会以为泰国是一个旅游国家，而且又有世界上独有的人妖表演，是不是他们在这方面下了功夫。错了，他们靠的是非同寻常的客户服务，是依靠赢得顾客的心来赚大钱。

约克先生是一位美国公民，他因公务曾经经常出差泰国，并下榻在东方饭店。第一次入住时良好的饭店环境和服务就给他留下了深刻的印象，当他第二次入住时的几个细节更使他对饭店的好感迅速升级。

那天早上，在他走出房门准备去餐厅的时候，楼层服务生恭敬地问道："约克先生是要用早餐吗？"约克先生很奇怪，反问：

“你怎么知道我的名字？”服务生说：“我们饭店规定，晚上要背熟所有客人的姓名。”这令约克先生大吃一惊，因为他频繁往返于世界各地，入住过无数高级酒店，但这种情况还是第一次碰到。

约克先生高兴地乘电梯下到餐厅所在的楼层，刚刚走出电梯门，餐厅的服务生就说“约克先生，里面请”。约克先生更加疑惑，因为服务生并没有看到他的房卡，就问：“你也知道我的名字？”服务生答：“上面的电话刚刚下来，说您已经下楼了。”如此高的效率让约克先生再次大吃一惊。

约克先生刚走进餐厅，服务小姐微笑着问：“约克先生还要老位子吗？”约克先生的惊讶再次升级，心想：“尽管我不是第一次在这里吃饭，但离最近的一次也有一年多了，难道这里的服务小姐记忆力那么好？”看到约克先生惊讶的目光，服务小姐主动解释说：“我刚刚查过电脑记录，您在去年的6月8日在靠近第二个窗口的位子上用过早餐”，约克先生听后兴奋地说：“老位子！老位子！”小姐接着问：“老菜单？一个三明治，一杯咖啡，一个鸡蛋？”现在约克先生已经不再惊讶了：“老菜单，就要老菜单！”约克先生已经兴奋到了极点。

上餐时餐厅赠送了约克先生一碟小菜，由于这种小菜约克先生是第一次看到，就问：“这是什么？”服务生后退两步说：“这是我们特有的小菜。”服务生为什么要先后退两步呢，他是怕自己说话时口水不小心落在客人的食品上，这种细致的服务不要说在一般的酒店，就连美国最好的饭店里约克先生都没有见过。这次的早餐给约克先生留下了终生难忘的印象。

后来，由于业务调整的原因，约克先生有三年的时间没有再到泰国去，在约克先生生日的时候突然收到了一封东方饭店发来的生日贺卡，里面还附了一封短信，内容是：亲爱的约克先生，您已经有三年没有来过我们这里了，我们全体人员都非常想念您，希望能再次见到您。今天是您的生日，祝您生日快乐。约克先生当时激动得热泪盈眶，发誓如果再去泰国，绝对不会到任何其他的饭店，一定要住在东方饭店，而且要说服所有的朋友也像他一样选择。约克先生看了一下信封，上面贴着一枚六元的邮票。就这样六块钱买到了一颗心。

当你用富有人情味的服务与客户交流的时候，会让对方从心理上对你产生认同感。在这种情况下，生意上的事自然就十分顺利了。